我
们
一
起
解
决
问
题

［加］欧内斯特·陈
（Ernest P. Chan）

著

姜军略 译

如何构建你的算法交易系统

从入门到精通

量化交易

QUANTITATIVE
TRADING

How To Build Your
Own Algorithmic Trading Business

人民邮电出版社
北　京

图书在版编目（CIP）数据

量化交易从入门到精通：如何构建你的算法交易系
统 /（加）欧内斯特·陈（Ernest P.Chan）著；姜军略
译. -- 北京：人民邮电出版社，2021.5
ISBN 978-7-115-56103-9

Ⅰ. ①量… Ⅱ. ①欧… ②姜… Ⅲ. ①金融投资
Ⅳ. ①F830.59

中国版本图书馆CIP数据核字(2021)第040044号

内 容 提 要

　　量化交易也被称为算法交易，目前在全球金融市场的交易量中占据很大比重。虽然量化交易所用的方法看上去都比较高深，而且多为机构交易者所采用，但是随着技术的不断成熟及策略的日益多元化，普通的个人交易者通过学习一些基础的知识、工具和模型，也可以建立自己的量化交易系统。

　　量化交易的核心是交易策略，因此本书从如何筛选可靠的交易策略讲起，详细介绍了交易策略的历史回测方法与注意事项，并提供了代码案例；之后又介绍了如何构建硬件设施来实现筛选出的量化交易策略；在此基础上，作者还讲解了量化交易中的资金管理方法与风险控制策略。本书最后介绍了因子模型、协整等专业量化交易员需要了解的进阶内容。

　　本书适合对量化交易感兴趣的个人投资者、金融机构的量化交易从业者以及想要从事量化交易工作的高校学生阅读。

◆ 著　　[加] 欧内斯特·陈（Ernest P. Chan）

　　译　　姜军略

　　责任编辑　王飞龙

　　责任印制　胡　南

◆ 人民邮电出版社出版发行　　北京市丰台区成寿寺路 11 号

　　邮编 100164　　电子邮件 315@ptpress.com.cn

　　网址 https://www.ptpress.com.cn

　　涿州市京南印刷厂印刷

◆ 开本：720×960　1/16

　　印张：14　　　　　　　　　　　2021 年 5 月第 1 版

　　字数：200 千字　　　　　　　　2025 年 9 月河北第 25 次印刷

　　著作权合同登记号　图字：01-2018-8402 号

定　价：69.80 元

读者服务热线：（010）81055656　印装质量热线：（010）81055316
反盗版热线：（010）81055315

「前 言」

据估计，量化交易或算法交易所产生的交易量，目前占比已超过全美国金融市场成交量的三分之一。在市场上，那些关于机构投资者如何使用复杂的数学技巧来研发交易策略的书籍，可谓汗牛充栋。然而，独立的个人投资者是否可以利用这些专业机构使用的算法和策略呢？他们是否可以在有限的资源和硬件条件下，在数千只股票上研究和执行自己的交易策略，并成为量化交易行业中具有竞争力的参与者呢？

我在这本书中将告诉你如何才能实现这些目标。

这本书是为谁写的

在开始写作这本书时，我计划为以下两类读者来设计全书的内容。

1. 富有进取精神的、希望创立自己的量化交易体系的独立交易者（或"散户"）。

2. 即将毕业的金融或理工专业（本科或研究生）学生，他们希望加入大型金融机构，谋求量化交易员或资产组合经理之类的工作岗位。

这两类读者是不同的，他们都能够从相同的知识和技巧中获益吗？管理1亿美元的投资组合和管理10万美元的投资组合，具有可比性吗？我认为，在能够管理1亿美元的投资组合并获取盈利之前，先去学着管理10万美元，学会如何在小的资金规模下赚钱，这对于任何人在逻辑上都是非常合理的。我在职业生涯中遇到过太多这样的情况，这种先管小资金再管大资金的方式是非常有效的。

很多传奇的量化对冲基金经理，比如前普林斯顿 - 纽波特基金（the Princeton-Newport Partners）的爱德华·索普（Edward Thorp）博士，以及文艺复兴科技基金（the Renaissance Technologies Corp.）的吉姆·西蒙斯（Jim Simons）博士，他们都是从交易自己的小资金开始交易生涯的。在创立自己的基金之前，他们并没有在投资银行或者对冲基金担任投资组合经理的经历。当然，也有很多相反的例子。但是从管理自己的小资金开始，对量化交易投资者来说，确实是非常可行的成长之路。有很多在量化交易行业取得成功的人，就是通过这条途径最终获取了大量的财富，同时也在量化交易的智力游戏中取得了非常大的成就。对于那些具有企业家精神的人，我尤其推荐这种方式，这是他们的优选。

即使你的目标仅仅是成为一个机构的量化交易员，先在一个自己的账户上进行量化交易也是非常有价值的。现在，物理学家和数学家已经充斥着整个华尔街了。就算你是一个顶尖大学的博士毕业生，也很难让华尔街的人对你印象深刻。那么你如何才能敲开顶尖投资银行和对冲基金的大门呢？最直接的方法就是证明你已经可以通过系统量化的方式赢利。换句话说，最好的证明就是你的历史业绩。作为一个独立交易员，并拥有赢利的交易业绩，不仅仅是在大型金融机构取得职业成功的垫脚石，而且这一经历本身就是非常有价值的。它将让你更加关注那些简单但却能够获利的策略，而不被那些看似理论化和复杂的方法所迷惑。这样的经历也会让你更加关注那些量化交易的基础细节，那些你无法从书籍中学到的知识。比如，如何搭建一个量化交易执行系统，而不是去使用那些要花费上万美元的昂贵系统。最重要的是，这样的经历会让你对风险管理有更深刻的认识，毕竟你是拿自己的真金白银参与到市场中，你不想一夜之间倾家荡产。最后，作为一个既曾在专业机构任职，又自己拥有独立交易账户的策略研究员和交易员，我多么希望自己可以在投资银行开始我的职业生涯之前，也读过这样一本书，它会让我早好多年获得在市场中赢利的能力。

希望我上面写的内容，可以很好地解释为什么要学习和进行个人独立交易。之后我不会再赘述为什么这本书会主要关注那些具有企业家精神的独立交易员，并帮助他们搭建一套自己的量化交易系统。本书后面所介绍的知识，对于那些想在专业金融机构发展的人，也是同样有帮助的。

你需要什么样的背景知识

尽管量化交易的名字听起来很高深，但是实际上，你并不需要必须是一个数学或计算机天才才能在这本书的帮助下开展量化交易。当然，你必须拥有一定的统计学基础知识，比如如何计算均值、标准差，或者如何进行线性回归分析。你也需要对 Excel 软件有一定了解。但是，这本书并不要求你掌握微积分、神经网络知识，或者另外一些听起来很吓人的技术。

尽管你仅仅通过使用 Excel 就可以获取数百万美元的利润，但是我还会推荐一些其他的工具，如果你能熟练掌握的话，它们会让你的数据处理工作变得更加容易。比如 MATLAB，它是一个数学分析平台，被很多专业机构的量化策略研究员或投资组合经理使用。因此，我会在这本书中向你展示如何使用 MATLAB 回测 [1] 大部分的交易策略。我在本书的附录中提供了一个简单的 MATLAB 编程教程。当然，对于很多个人投资者来说，MATLAB 的软件使用费可能过于昂贵，但是你也可以使用其他一些可替代

---

[1]　回测（Backtesting），是指设定了某些交易策略的执行条件后，基于历史已经发生过的真实行情数据，从历史上某一个时间点开始，严格按照设定的交易策略条件执行交易，模拟真实金融市场交易的规则进行买入、卖出，得出该交易策略在这一时间段内的盈利率、最大回撤率等数据。

的工具，我会在第三章讲授回测技巧时提到如何选择这些内容和替代工具。另外，很多大学在校生可以购买更便宜的学生版 MATLAB 账号，或者有些学校会提供免费的 MATLAB 软件。

你在这本书中会学到什么

这本书的定位并不是要成为量化交易技术或量化交易术语的百科全书。这本书并不会有太深入、具体的赢利策略讲解（尽管你可以通过研究和修改一些策略案例而创建非常赚钱的策略）。这本书的真正目的在于，教会你如何自己动手，开发出可以赚钱的策略。授人以鱼，不如授人以渔。这本书将教授你如何识别好的量化策略所具有的特点，如何优化和回测量化策略，以保证其拥有良好的历史表现，以及更重要的，如何确保你创建的策略在未来仍具有赢利能力。这本书会教授你如何根据策略的实盘表现，系统性地增加或减少策略风险。这本书会非常详细地教授你，如何在家里搭建一套自动化交易执行系统。最后，这本书也会教授你风险管理的基础知识，这些知识对于你在市场中长时间立于不败之地是非常重要的。在这个过程中，你也需要避免一些交易的心理陷阱，这些知识会让你的交易生涯更加顺畅。

尽管寻找优秀策略的基本技巧应该对所有可交易的金融工具都适用，但是我会把案例放在我最熟悉的领域：股票统计套利策略。当然，我依然会在关于回测的章节为你介绍如何获取股票、期货、外汇等的历史数据。我没有在这本书中介绍期权的相关知识，因为期权交易不是我的专长。

这本书的章节结构，主要是根据一个交易者搭建量化交易系统的步骤来安排的。这一过程从找到一个可信的交易策略开始（第二章）；然后是对这个策略进行历史回测，以确保其至少在历史上表现良好（第三章）；建立交易的硬件设施（第四章），搭建一个自动化交易执行系统来实现你的交易策略（第五章），以及如何管理策略持仓带来的资金变动和风险（第六章）。在第七章中，我会介绍一些专业的机构交易者熟悉的高级概念。最后，在第八章中，我会总结我的交易经验，指出个人独立交易者如何在量化交易行业找到机会，如何进一步发展他们的量化交易事业。本书的附录包含了一个使用 MATLAB 的简要教程。

你会在本书中看到两种小栏目。

● 附加内容栏目，用来介绍扩展内容，或进行概念阐述。
● 案例栏目，由 MATLAB 代码或 Excel 表格编辑流程来呈现。

对于那些希望学习更多内容，或者希望紧跟量化交易行业的最新新闻、想法或趋势的读者，你们可以访问我的网站[1]。

致谢

我的很多关于量化交易的知识和经验都来自于我的同事和导师，他们供职于不同的投资银行（摩根士丹利、瑞士信贷、枫叶证券等），以及对冲基金（枫叶岭资本、千禧年基金、MANE 基金等）。我对于他们在这些年给予我的建议、指导、帮助表示衷心的感谢。因为我后来成了一名个人独立交易者和交易咨询顾问，所以我也同样在与客户、博客的读者、其他博客作者和很多交易合作者的讨论过程中受益良多。特别地，我想向史蒂夫·哈尔彭（Steve Halpern）和拉蒙·卡明斯（Ramon Cummins）表示感谢，他们阅读了我的部分书稿，并纠正了我的几个错误；向约翰·里格（John Rigg）表示感谢，他向我建议了几个博客的主题，而这些内容很

---

[1] 读者可发邮件给本书编辑，索取作者的网址链接。

多都被收录在这本书当中；向阿什顿·多尔金斯（Ashton Dorkins）表示感谢，他是 TradingMarkets 网站的主编，他帮助我整合了我的博客；向亚沙尔·安瓦尔（Yaser Anwar）表示感谢，他将我的博客通过他的很受欢迎的投资博客推荐给他的读者。我还要感谢约翰·威立父子出版公司（John Wiley & Sons）的编辑比尔·法伦（Bill Falloon），他建议我编写此书。我也很感激我的执行编辑艾米莉·赫尔曼（Emilie Herman）和制作编辑克里斯蒂娜·威里根（Christina Verigan），他们帮助我将此书出版。最后不得不提，我想感谢本·谢（Ben Xie），他坚持建议我尽可能简化本书的内容——简单的就是最好的。

目 录

第一章　量化交易的基础知识 // 001

　　谁可以成为一个量化交易员 // 003

　　量化交易的优势与特点 // 005

　　量化交易员的成长之路 // 009

第二章　如何找到好的量化交易策略 // 011

　　寻找量化交易策略的渠道 // 012

　　如何筛选适合自己的量化交易策略 // 016

　　量化交易策略的比较与评估 // 022

第三章　量化交易策略的历史回测 // 035

　　常见的回测平台 // 037

　　高端回测平台 // 041

　　历史数据库的选择与评估 // 042

　　量化交易策略表现的衡量标准 // 050

　　常见的历史回测错误 // 060

　　在回测中计入交易成本 // 074

　　量化交易策略的改进 // 081

第四章　量化交易的硬件准备 // 085

开设个人独立交易账户还是自营交易公司账户 // 086

选择交易商或者自营交易公司的标准 // 089

量化交易所需的硬件基础设施 // 092

第五章　量化交易的执行系统 // 097

一个自动化交易系统可以为你做什么 // 098

搭建一个半自动的交易执行系统 // 100

搭建一个全自动的交易系统 // 104

如何降低交易成本 // 107

通过模拟交易检测你的交易系统 // 109

为什么交易策略的实际表现会和预期表现有偏差 // 111

第六章　量化交易的资金管理和风险管理 // 117

最优资金配置和杠杆率 // 118

风险管理 // 129

量化交易者的心理建设 // 134

本章附录　当收益分布符合高斯分布时，凯利公式的简单推导 // 139

第七章　量化交易的进阶讨论 // 141

均值回归策略和动量策略 // 143

市场状态切换策略 // 146

平稳和协整 // 154

因子模型 // 163

离场策略 // 171

季节性交易策略 // 175

高频交易策略 // 186

持有一个高杠杆投资组合好，还是持有一个高 beta 值投资组合好 // 138

第八章　个人量化交易者赢利的基本逻辑 // 193

个人量化交易者为什么能成功 // 194

个人量化交易者的进阶之路 // 198

附录　MATLAB 极简教程 // 201

第一章

量化交易的基础知识

如果你有足够的好奇心打开本书，那么你应该已经听说过量化交易了。但即使是对那些已经从主流媒体听说过这种交易方式的读者，我们仍然要花一些时间，去澄清一些常见的错误概念。

量化交易也称算法交易，是一种严格按照计算机算法进行买卖证券决策的交易方式。计算机算法由交易员设计，并且很可能由交易员自己编写代码。交易员在设计交易算法时，主要的决策依据是，通过在历史数据库上使用编写好的策略，来检验策略的历史表现是否合理。

那么，量化交易是否仅仅是技术分析交易的一个好听的新名字呢？实际上，那些可以被完全编写成计算机程序的技术分析类的策略，确实可以作为量化交易系统的一部分。然而，不是所有的技术分析方法都可以被认为是量化交易。一些技术图形分析的方法，比如"寻找市场中出现的头肩顶形态"，可能就不会被一些量化交易员使用。因为这类形态是非常主观的，而且很难量化。

量化交易也包含很多非技术分析的内容。很多量化交易策略会使用基本面数据作为策略输入。比如使用利润、现金流、市盈率等数据。毕竟，基本面数据也是数字，而计算机当然可以处理任何输入的数据。在比较一家公司近期的财务表现和其他相似公司的相对情况时，计算机的分析能力和那些专业的人类金融分析师一样强。并且，计算机可以同时监控数以千计的公司。一些现今的量化系统，甚至可以加入新闻消息作为数据输入。现在，我们完全可以使用计算机去分析和理解新闻报道。（实际上，我曾经在 IBM 公司担任新闻识别相关课题的研究员，研究的课题就是如何让计算机理解输入的任何文件的内容。）

所以现在你可能已经理解了：只要你可以将数据转换成计算机可以理解的二进制形式，这一转化过程就可以作为量化交易的一部分。

谁可以成为一个量化交易员

很多机构的量化交易员，确实都获得了物理、数学、工程，或者计算机科学的博士学位。这类严谨的科学训练，对于分析和交易复杂衍生产品是非常必要的。但是，这类复杂衍生品并不是本书的关注点。没有人说过，你只有交易那些复杂的金融产品才能获取财富。（实际上，一些交易复杂的住房抵押贷款衍生证券的人，在 2007—2008 年金融危机及贝尔斯登破产的过程中，亏掉了大把的金钱。）我所专长的量化交易领域叫作统计套利。统计套利系统一般适于交易一些非常简单的金融产品，包括股票、期货、外汇。采用统计套利策略交易，并不需要你有太高的学位。如果你已经学过了一些高中级别的课程，比如数学、统计、计算机编程或者经济学，你就已经可以理解一些基本的统计套利策略了。

好的，现在你可能会问我，就算获取高等学位不是进行统计套利策略的必要条件，但拥有高等学位本身，是不是肯定会在进行统计套利交易时具有优势呢？答案也是不一定的。我从世界上最好的物理学院之一（康奈尔大学物理学院）毕业。我在世界上顶尖的计算机研究机构之一（殿堂级高科技信息技术研究机构——IBM 的 T. J. Watson 研究中心）工作过，并且工作业绩非常好。然后，我在一些顶尖的投资银行和对冲基金担任过量化研究员，并最终成了量化交易员。在摩根士丹利、瑞士信贷等大机构担任研究员或者交易员时，我在工作中一直努力使用一些复杂的数学技巧和知识，并将这些知识应用在统计套利交易当中。在进行了上亿次交易之后，你猜结果怎么样？亏损，更多的亏损，亏到我的老板和他们的投资人都不得不过来看看了。最终，我在挫折中离开了金融行业，在我的卧室中搭建了一个交易室，并开始使用一些我知道的、最简单的，但仍然符合量化交易要求的策略，即使是一个聪明的高中生也可以轻松地分析和执行这些策略。但是，就是这样简单的策略，却让我在生命中第一次开始利用量化交易赚钱了（这个策略被收录在案例 3.6 中），并且从此开始，我一直保持着赢利。我在这个过程中学会了什么？就像爱因斯坦说的："越简单越好，但不要过于简单。"

（敬请期待：我会在第八章中详细分析个人独立交易者可以使用他们自己的方法战胜机构基金经理的更多原因。）

总之，我通过一个比较正规的方式成了量化交易员，而很多读者可能并没有这样的经历。那么，什么样的交易者是典型的个人独立量化交易者呢？在我认识的这类交易者当中，有的是已关闭的对冲基金的前交易员，有的是交易商的前程序员，有的是交易所的场内交易员，有的是投资银行家，也有的曾是生物学家或者建筑师。他们中的一部分人接受过高等的科学技术训练，但是其他的人大多仅仅学过高中水平的统计课程。他们中的大部分人仅仅使用一些基本的工具，比如 Excel 表格，来回测他们的交易策略，另外一些人，会雇用一些程序员来帮他们进行研究。他们中的大部分人在职业生涯中都或多或少专业从事过金融工作，但是最终都决定，成为一个独立交易者是更适合他们的生活方式。就我所知，他们中的大部分人，仅仅靠自己一个人就取得了不错的业绩，并且他们同时也很享受做独立交易所带来的自由度。

　　尽管我认识的个人独立交易者在他们之前的工作中都或多或少接触过一些金融知识，但在进行独立交易工作之前，在工作中积累下一定的财富，对交易似乎是更重要的。在一个人开始进行独立交易之前，对于亏损产生恐惧，以及因自己和外部世界接触变少而产生恐惧，都是非常常见的。所以，有一定的积蓄可以帮你获得一定的风险承受能力，并且让你有钱来当作启动资金。这样，你就不会急于马上获取利润来满足你的日常开支。大部分的交易策略也不是一开始就能带来利润的，它们需要慢慢积累利润（见第六章）。

　　也有一些读者，他们进行交易时非但没有恐惧，反而会因为交易带来的刺激和风险而兴奋，或者变得非常自负，觉得财富唾手可得。这种心态对于进行个人独立交易是非常危险的。我希望在本章和之后的内容中讲清楚这样的道理：进行量化交易的目的不是博取即时的利润。

　　最理想的个人独立量化交易者，是那些之前就具备一定金融或者编程经验的人，他们有一定的积蓄来负担交易中不可避免的亏损，以及应对一段没有收入的日子，并且可以平衡好在交易中出现的恐惧和贪婪情绪。

量化交易的优势与特点

　　我们很多人从事量化交易这个行业，是因为量化交易本身充满刺激，在智力上具有挑战，有很好的财务回报，或者说，这也是我们唯一擅长做的事情。但是那些拥有其他技能和工作发展机会的人，可能需要思考一下，量化交易是不是自己能做得最好的事情。

　　我们当然听说过，那些低调的对冲基金富豪拥有数以亿计的资产，这使得对冲基金行业看起来很神秘。但实际上，开展量化交易，其实和做其他的生意并没有太大的差别。我们需要从很小的、有限的资金做起（可能仅仅有 5 万美元的启动资金），并逐渐地，随着越来越理解这个行业，你开始赢利，慢慢地增加自己管理的资金的规模。

但从另一方面来讲，量化交易行业与其他传统生意也是有很大的差别的。下面是一些很重要的差别。

可扩展性

到目前为止，与大多数生意相比（不包括一些互联网创业项目），量化交易行业的可扩展性很大。你可以在家中很轻松地交易几百万美元的资金，只要你的策略可以持续赢利。对于量化交易者来说，增加规模往往仅需要在你的计算机程序中改一个数字。这个数字一般叫作杠杆率。你不需要和银行家或者风险投资家谈判来筹集资金。你的交易商（证券公司或期货公司）已经为你准备好了可以借入的资金，并且他们很乐意借给你。如果你是一家自营交易公司的一员（我在第四章会更详细地讨论如何设立交易公司），你甚至可以获取到比美国证券交易委员会（Securities and Exchange Commission, SEC）的"规则 T"允许的更高的杠杆水平。在一些自营交易公司，你可以使用仅仅 5 万美元的资产，去持有一个价值 200 万美元的投资组合（40 倍杠杆）。但与此同时，量化交易并不是一个可以让人立即致富的游戏。你希望的是一点点地积累小的利润，因此，大部分时候，量化交易不会达到每年赚取 200% 收益这种程度。这点和去创建一个互联网公司或者软件公司是不同的。实际上，我会在第六章介绍资金和风险管理相关的内容，那些为了追求一夜暴富而使用过高杠杆的行为是非常危险的。

对时间的需求

大部分生意都需要经营者花很多时间，至少最开始需要花很多的时间。量化交易则在大部分时候不会占用你太多时间。从本质上讲，量化交易是一个高度自动化的工作。有时候，你越多地人工干预你的系统，并强行改变计算机的决策，你的策略就会表现得越差（我会在第六章进一步说明）。

每天你需要在量化交易上花费的时间，依赖于你的交易系统有多自动化。比如，在一个我过去工作过的对冲基金，有些同事几乎每月只来一次办公室。剩下的时候，他们就待在家里，偶尔远程登录一下在他们办公室里正在进行交易的电脑，看看收益的情况。

我认为我自己的交易系统处于中等程度的自动化水平。每天早上市场开盘之前，是我最忙碌的时候。我一般需要运行几个程序，来下载和处理最新的历史数据，阅读在我的屏幕上出现的公司新闻提醒，运行程序来生成当日的交易订单，然后在开市前运行几个一揽子下单工具，再运行下单程序，从而使得我需要下达的订单会在整个交易日当中自动化地执行。我也会打开我的 Excel 表格，根据交易商提供的报表来记录我前一日不同策略的损益情况（P&L）。这些工作一般要花 2 个小时来完成。

在那之后，我会在市场闭市之前再花费大概半个小时，控制程序去平掉一些持仓，手工检查确保这些平仓订单被正确地传输到交易所，并最终正确地退出这些自动化交易程序。

在市场开市到收盘之间的时间里，所有的交易工作都应当是自动化执行的。当然，很多时候，人们在精神上是愿意这样的，但是肉体上却不够强大。我经常难以克制地去看一眼（有些时候是很多眼）在屏幕上显示的不同策略的当日损益情况。在一些极端情况下，我会被当日资金的大幅波动惊呆，甚至意图手工干预自动交易的执行。幸运的是，随着我的经验更加丰富，我逐渐学会了如何克制这种冲动。

你越无所事事，你进行手工干预的冲动就越强烈。因此，与其紧紧盯着你的交易屏幕，不如让自己去忙一些其他工作，这实际上也是非常重要的，尤其是去参加一些健康和愉快的活动，比如在交易日去健身房等。

当我说"进行量化交易并不需要占用你很多时间"时，我一般指的是与交易运行相关的事项。如果你想要让你的交易水平提高，或者保持你策略的赢利能力，使之不会因为日趋激烈的竞争而下降，你需要花时间研究和回测新的策略。但是研究和制定新策略是量化交易工作中最需要创造力的部分，你可以在任何时候做这件事。所以在市场开盘到收盘这段时间里，我也经常做研究。我会用这段时间回复电子邮件，和其他交易员、合作伙伴和客户聊天，去健身房等。我也会在晚上或者周末去做这些事，不过干这些事仅仅是因为我想做，而不是我必须要做。

当我获取了更多的利润，我会付钱给一些软件开发商，来进一步自动化我的交易过程，使所有程序可以在需要的时候自动启动，懂得如何自动下载数据，甚至可以自动化地解读网络上的新闻内容，并采取正确的应对行为；在市场收盘的时候，程序可以自动关闭。当我实现这些目标之后，每天的日常运营工作就不怎么花时间了，即使我去度假，程序也可以自动执行它的日常工作，只是当它在某些地方出错的时候，会在我的手机上报警，或者通知我的技术支持服务商来解决问题。简而言之，如果你珍视自己的时间，如果你需要时间和金钱来做其他事情，那么量化交易非常适合你。

你不需要进行市场营销

这是量化交易行业和其他行业最大的也是最明显的差别。对于大部分生意，市场营销都是非常重要的，毕竟你需要从其他人身上获取利润，而这些人需要获取商品价格以外的信息，以便于做出购买决策。在金融市场中，你的竞争对手们决策的依据只有市场中的价格。除非你打算帮助别人管理资金（这点超出了本书的范畴），否则你完全没有必要去做任何市场营销工作。这点可能看起来很明显，也好像无关紧要，但实际上是非常重要的不同。因为量化交易工作的方式可以让你完全专注于你的产品本身（策略和软件），而不是那些会影响别人对你的看法的事情。对于很多人来说，这一点是开展量化交易的非常重要的好处。

量化交易员的成长之路

如果你已经决定要成为一名量化交易员，那么你需要解决这些问题：如何找到正确的交易策略？如何在花时间历史回测一个策略之前，区分策略的好坏？如何严格地检验交易策略？如果历史回测的表现很好，你需要采取哪些步骤来执行策略，包括业务的结构和技术的结构？如果你的策略在实盘层面上获利，你如何增加资金来加快收入增长，同时应对不可避免（希望是偶尔到来）的交易亏损？

这些问题涉及量化交易基础知识的方方面面，我会在第二章至第六章逐一介绍。

一个可以持续赢利并不断提升自己交易水平的交易者，需要经历上面提到的所有步骤。尽管这些过程可能看起来漫长并令人生畏，但实际上，经历这个过程并取得成功，可能比你从事其他生意要快速和容易得多。在我刚开始成为个人独立交易者的时候，我仅仅花了 3 个月时间，就找到并历史回测了我的第一套交易策略，而且开立了一个 10 万美元的交易账户，同时搭建了交易执行系统，开始以我的策略交易。这套策略在第一个月就赢利了。回到互联网创业最火的那几年，我曾经开设了一家互联网公司。这家公司花费了我 3 倍于量化交易的投资、5 倍的人力投入和 24 倍的时间，最终的结果是，这个商业模式行不通，并且，最后所有的投资者，包括我自己，都损失了全部的投资。和那段开公司的经历相比，进行量化交易并获取利润简直是轻而易举。

第二章

如何找到好的量化交易策略

寻找量化交易策略的渠道

很令人惊讶的一点是,寻找一个交易策略并不是进行量化交易最难的部分。市面上有数以百计甚至数以千计的交易想法,并且都已经被公开了。任何人只需要花很少的成本,或者根本不需要花任何钱,就可以获得这些想法。很多这些交易想法的提出者,不仅会告诉你他们的回测结果,也会非常详细地解释他们在产生这样交易想法的过程中使用的方法论。也有大量的关于量化交易的金融和投资书籍、报纸杂志、主流媒体网站和学术研究文章,你可以从互联网、公共图书馆、交易员论坛、博客等渠道获取。这里,我将一些我觉得有价值的来源列于表 2.1 中,但这些只是市面上可以获得的资源的很小一部分。

表 2.1　交易想法的来源

序号	名称	种类
1	哈佛商学院金融教授网站	学术类
2	社会科学研究网络	学术类
3	美国国民经济研究局	学术类

（续表）

序号	名称	种类
4	商学院量化金融研讨组	学术类
5	马克·赫尔伯特（Mark Hulbert）在《纽约时报》的周日商业专栏	学术类
6	巴特伍德（Buttonwood）在《经济学人》的金融专栏	学术类
7	雅虎财经	金融网站和博客
8	TradingMarkets	金融网站和博客
9	Seeking Alpha	金融网站和博客
10	TheStreet 网站	金融网站和博客
11	The Kirk Report	金融网站和博客
12	Alea Blog	金融网站和博客
13	Abnormal Returns	金融网站和博客
14	布雷特·斯蒂恩伯格（Breet Steenbarger）的交易心理	金融网站和博客
15	我自己的网站	金融网站和博客
16	Elite Trader	交易员论坛
17	Wealth-Lab	交易员论坛
18	《股票、期货和期权杂志》（*Stocks，Futures and Options Magazine*）	新闻和杂志

在过去，因为个人的学术研究兴趣，我经常定期阅读一些商学院教授的论文预印本，或者下载最新的在线金融期刊文章，来寻找可能的好的交易策略。实际上，在我成为个人独立交易者之后，第一个开始交易的策略就是来自于这样的学术研究。（这个策略是 PEAD 策略的一个版本，我会在第七章提到。）但是随着我的研究的深入，我逐渐发现，那些在学术期刊中描述的策略，不是太过复杂，就是已经过时（这些策略可能曾经是可以赚钱的，但是在公开后已经失去了赢利能力），或者是需要昂贵的数据才可以回测（比如历史基本面数据）。而且，很多这种来自学术研究的策略只能在小市值股票上使用。实际上，由于小市值股票流动性不足，策略实际交易

产生的利润会比它们进行回测时所表现的利润少得多。

当然，这不是说你即使持之以恒地阅读学术论文也找不到一些精华的、有用的研究成果。我发现，很多交易员论坛或者博客上面推荐的更简单的交易策略，也是一样可以赚钱的。你可能会怀疑，有人真的愿意在公开的地方展示他们赚钱的策略，让任何人都能看到吗？毕竟，这样的公开展示会增加这种类型策略使用者的竞争，从而降低这种类型策略的赢利性。你的想法可能是对的：大部分这种地方发现的现成的策略，实际上很可能是经不起历史回测检验的。和学术研究一样，这些策略可能只是在某一段时间内有效，或者只是对某一类特殊的股票有效，或者是只有在不考虑交易成本时才有效。但是，寻找策略的一个技巧就是，你可以通过对这些策略的基础部分进行一些改变，使它们变得能赢利。（关于这块内容的更多介绍，以及几个常见的改变方式，我会在第三章详细讲解。）

比如，有个朋友向我介绍了一个在 Wealth-Lab 上面看到的交易策略，这个策略的发布者在论坛上声称该策略的夏普比率[1]很高。但是，当我对这个策略进行历史回测之后，结果却没有它宣传的那么好。然后，我对这个策略做了几个简单的改动，比如减少持仓时间，或者将开仓和平仓时间设定得和策略原本计划的不同，最后我成功地将这个策略变成了我最赚钱的策略之一。如果你既勤奋又足够有创造力，可以对基本的策略进行很多不同的改变，那么你会有很大的机会发现这些改变当中的某一个能够产生非常赚钱的结果。

---

[1] 夏普比率（Sharpe Ratio），又被称为夏普指数，是同时对收益与风险加以综合考虑的经典指标之一。其衡量的是投资者在承担 1 单位风险的情况下，所获得的超越无风险收益率的超额回报是多少。夏普比率越高，说明投资者在承担一定风险的情况下，所获得的超额回报越高；反之，如果夏普比率很低甚至为负，则说明投资者在承担一定的风险时所获得的超额回报很小或者没有超额回报。

当我离开专业的资产管理行业，开始自己交易的时候，我很担心会因为不能从我的同事或者导师那里获得交易灵感而没办法研发新的策略。但是，我随后发现，最好的获取交易类策略灵感以及分享交易心得的方式，就是开设一个交易博客——对于任何一个你分享给其他人的交易"秘密"，你会从你的读者那里获取到数倍灵感的回报。（那个向我介绍 Wealth-Lab 策略的人，就是我的一个读者，他工作的地方和我所在的地方相差 12 个时区。）实际上，很多你认为是机密的东西，不过是一些大家都了解的东西罢了。一个策略，真正独家的、值得去保护的秘密，是你想出来的对这些策略使用的新技巧和改变，而不是最简单的策略本身。

而且，你错误的想法会很快被你的在线评论者指出，进而可以防止你因此产生实际的亏损。我曾经在我的博客上兴高采烈地介绍一个季节忙选股策略，这个策略是一个金融学教授发布的。我的一个读者很快使用这个策略进行了历史回测，并告诉我这个策略不行（这个策略我会在案例 7.6 中进行更详细的讨论）。当然，无论如何，我当然不会不经过历史回测就开始交易这个策略。实际上，我之后的回测工作确实印证了这个读者的结论。但是，我的读者可以告诉我策略中的重大缺陷，这是非常重要的，因为这可以印证我检验的结果，不是我自己犯了错，而是策略本身的问题。

总之，我发现，就获取和分享交易想法而言，作为一个独立交易者，实际上是比在一些纽约的秘密对冲基金工作更加容易的。（当我在千禧年基金——一家百亿美元级别的对冲基金工作时，一个交易员曾从他的合作程序员手里抢走并撕碎了一篇早已公开的研究文章，仅仅是因为他担心这个程序员可能会了解他的秘密）。这可能是因为，当你没有手握数亿资金，并随时可以将资金投入到某个策略的时候，人们会对你不那么警惕，愿意和你分享一些秘密。

所以，个人从事量化交易行业，难点并不是缺乏想法。难点在于，如何形成你选择策略的风格，从而让产生的策略和你的个人特质与个人目标相符合。并且，你需要学会，在你实际勤奋地花时间去进行回测之前，就对策略是不是有效有大致的判断。如何选择可行的策略，是我在本章想要讲的。

如何筛选适合自己的量化交易策略

一个策略是不是合适，并不在于策略本身，而在于你自身的条件。下面是一些需要考虑的因素。

你的工作时间

你是否是兼职交易的？如果是，那么你最好只考虑那些有隔夜持仓的策略，而不是日内策略。否则，你必须要完全自动化你的策略（见第五章关于交易执行的内容），只有这样，你才可以在大多数时间自动化运行交易系统，并在出现问题的时候收到警报。

当我为其他人全职工作的时候，我也兼职为我自己交易。我在我的个人账户上按一些简单的策略进行交易，这类策略在开市前需要对某些交易所交易基金（exchange-traded funds，ETF）下一次单，或者调整一次订单。然后，在我离职成为个人独立交易者之后，最初，我交易执行的自动化程度仍然很低，因此我在那时只能考虑一些只需要在开盘前下一次单、在收盘前再下一次单的策略。后来，我增加了一个软件，它在整个交易日可以自动监测市场实时数据，并且一旦某些条件被满足，可以向我的交易账户发出下单指令。这样，我仍然可以"兼职"进行交易，这就是我喜欢进行量化交易的部分原因。

你的编程技能

你擅长编程吗？如果你懂得一些编程语言，比如 Visual Basic，甚至是 Java、C# 或者 C++，那么你可以探索一些交易频率比较高的策略，并且你可以交易数量庞大的证券。如果不是这样，那么选择那种一天只交易一次，只交易几种股票、期货、外汇的策略可能更合适。（这些问题当然可以通过雇用其他人帮你写代码来解决，具体内容详见第五章。）

你的交易资金规模

你是不是有大量的资金来进行交易，或者用来购买一些交易的基础设施和运营服务？一般来说，对于资金量小于 5 万美元的账户，我是不太推荐进行量化交易的。比方说，我们设定一个大资金量和小资金量交易账户的分界线，比如 10 万美元。资金量的大小会影响很多选择。首先，你得选择是开设一个散户账户，还是开设一个自营交易账户（在第四章我会更多介绍如何开展交易业务）。同时，资金的规模也会影响你对策略的选择。

交易小资金量的账户，你需要选择那种可以尽可能利用交易杠杆的策略。（当然，采用更高的杠杆，只有在你使用可以持续获利的策略时才是可行的。）交易期货、外汇和期权会比交易股票更容易获得更高的杠杆。前者做日内交易，根据规则要求，最高可以获得 4 倍杠杆。而日间（隔夜）交易，则最高可以获得 2 倍杠杆。也就是说，为了持有相同的头寸，你需要两倍的资金。最后，资金（杠杆）获取的难易程度，决定着你是要关注纯单边类交易（仅仅持有资产多头或者空头），还是进行价值中性交易（对冲或配对交易）。价值中性投资组合（意味着持有的多头头寸的市场价值等于持有的空头头寸的市场价值），或者市场中性投资组合（意味着持有的投资组合的 beta 值，相对于指定的市场指数接近零），与只有多头或者空头的投资组合相比，需要两倍的资金或者杠杆。尽管一个进行了对冲的投资组合，实际的风险要比不进行对冲的投资组合的风险小，但是因此所带来的收益相对来说也会更少，可能不能满足你自己的投资需求。

你自有资金的多寡将决定你能够在交易相关的基础设施、数据和软件上进行多少投资。比如，如果你的交易资金比较少，那么你的互联网交易商可能会不愿意提供给你太多的证券实时数据，所以你就无法使用一些需要大量股票实时数据的交易策略。（当然你也可以从第三方数据提供商那里获取到数据，但如果你的交易资金比较少，那么这方面的成本就会显得很高。）同样，如果你想要对时间周期比较短的历史数据进行数据清洗，这方面的花费也会比清洗日周期数据要高。所以，如果你的资金比较少，那么你就没办法进行一些需要使用短周期数据的策略。对于股票的历史数据，另外一个特性可能比它们的周期更加重要。这个特性就是，这份数据是否避免了幸存者偏差[1]。我会在后面的章节进一步介绍幸存者偏差问题。在这里，我们只需要知道，没有幸存者偏差影响的历史数据会比有幸存者偏差的数据昂贵很多。但是如果你的历史数据存在幸存者偏差，那么你的历史回测结果就可能会不那么可靠。

同样的问题对新闻数据也适用。你是否可以购买一个覆盖面广且实时的新闻数据服务，比如彭博终端，这将决定你是否可以使用一些新闻驱动的策略。对于基本面数据（公司财务数据）也是如此。你能否购买一个优质的包含公司历史基本面数据的数据库，将决定你是否可以采用基于这些数据的交易策略。

表 2.2 列明了你的资金量（对于交易账户或者交易相关支出）将如何影响你的交易选择。

---

[1] 幸存者偏差（Survivorship Bias），是指当取得数据的渠道仅来自于幸存者时，此数据可能会与实际情况存在偏差。

表 2.2　你拥有的资金量将如何影响你的交易选择

小资金	大资金
自营交易公司会员资格	独立交易账户
期货、外汇、期权	任何投资标的，包括股票
日内交易	日内交易和日间交易均可
单边交易	单边或者市场中性交易
一个小的股票日内交易标的池	大的股票日内交易标的池
有幸存者偏差的股票日周期数据	短周期历史数据，没有幸存者偏差
小覆盖面、延时的新闻来源	高覆盖面、实时的新闻来源
没有历史新闻数据库	没有幸存者偏差的历史新闻数据库
没有历史股票基本面数据	没有幸存者偏差的历史股票基本面数据

　　当然，这个表格并不是不能变通的硬性规定，而仅仅是一些需要考虑的因素。比如，如果你账户里面的资金不足，这时候你去自营交易公司开设了一个账户，那么你就可以避免以上很多的顾虑（尽管你还是需要在你的交易基础设施上花一些费用）。在我开始成为个人独立交易者的时候，我在一家零售交易商开设了一个 10 万美元的交易账户（我选择了盈透证券），并且我一开始只进行单边的、日内的股票交易策略。但是，当后来我开发出一套新的股票交易策略，需要很高的杠杆才能赢利的时候，我也注册成为了一家自营交易公司的会员。（是的，你可以同时拥有两个甚至更多的交易账户。实际上，这样做也有一些好处，包括可以比较它们的订单执行速度，以及获取流动性的能力。详见第四章关于选择交易商和自营交易公司的内容。）

　　尽管我一直在提及，我们需要了解历史数据中的幸存者偏差问题，但是，我最开始的时候只是下载了雅虎财经提供的，经过拆分和分红调整的股票历史数据。我使用一个程序从 HQuotes 网站下载数据（我会在第三章进一步介绍不同的数据来源和工具）。这个数据库没有剔除幸存者偏差——

但是在之后的两年，我仍然使用这个数据源作为我大部分回测工作的数据。实际上，另外一个我认识的交易员，她每天的交易量有我账户规模的 10 倍之多，但也是使用与我一样的数据来源作为日常回测使用，并且她的交易策略也同样赚钱了。这是为什么呢？很可能的原因是，我们使用的都是日内交易策略。好像在我认识的人中，那些愿意并能够支付不具有幸存者偏差的数据的人，都是在资产管理公司工作的。他们交易数千万美元以上的资金（包括我之前在这个行业工作的时候）。所以，你可以看到，只要你能够理解你的工具和数据的局限性，你就可以省下不少钱，但是你仍然会取得成功。

尽管在期货市场上你可以获得很高的杠杆，但是有些期货合约的规模特别大，因此也会导致资金过少的交易账户无法交易一些期货标的。比如，尽管在纽约商业交易所（the New York Mercantile Exchange, NYMEX）上市的铂金期货要求的保证金规模是每份合约 8100 美元，但实际上它的一份期货合约价值是大约 10 万美元。而且，铂金期货的波动性是非常大的。一个交易日 6% 幅度的波动，对于铂金期货都不算是太罕见。一旦发生这个级别的波动，就会产生大概 6000 美元的盈利或者亏损，让你的账户中的资金大幅波动。而产生如此巨大波动的原因，仅仅是因为你持有了一手铂金期货合约。（相信我，我曾经在交易账户中持有几手这样的合约，当市场朝着对我不利的方向运行时，那种感觉太难受了。）相反，ES 合约，也就是在芝加哥商品交易所（Chicago Mercantile Exchange, CME，很快将和纽约商业交易所合并）上市的标准普尔 500 指数电子小型合约，实际对应的期货价值就只有 67500 美元，并且在一个交易日内，标准普尔 500 指数发生 6% 或更大级别波动的情况实际上在过去 15 年历史上仅仅有两次。所以这个合约的保证金只要求 4500 美元，也就是说，仅仅需要铂金合约保证金的 55.6%。

你的目标

很多从事量化交易工作的人，希望可以每个月都稳定地赢利（当然每个月赚的钱越来越多，那就更好了），或者至少每个季度可以稳定地赢利。但是如果你进行的是长期投资的话，长期的资金回报对你是更加重要的。那些追求短期具有稳定收入的交易策略，和追求长期资金回报的交易策略的差异，主要在于你的持仓时间。很明显，如果你平均持有一只股票超过一年的时间，那么从每个月的角度来看，策略就不会产生太多的收益。更进一步，即使你平均持有一只股票一个月的时间，你的每月利润也将波动得非常厉害（除非你在自己的投资组合当中持有数百只股票），因此你不能指望你的策略每个月都赚钱。持仓周期（或者反过来计算，即交易频率）和收益的稳定性（在量化交易行业中，人们用夏普比率来描述收益的稳定性，或者也可以反过来，用最大回撤来衡量收益的稳定性）的关系，将会在本章的后面部分详细分析。一般的结论就是，你越想在更短的周期实现你的投资利润并产生收入，那么你的持仓周期就需要越短。

这里有一个常见的、被一些投资顾问滥用的错误概念，就是如果你想实现长期的最大资金回报，最好的策略就是买入并持有。这个概念可以用数学证明是错误的。实际上，最好的长期投资收益，是通过寻找夏普比率（我们会在第三章详细定义夏普比率的概念）最高的策略来实现的。当然，这个理论的前提是，你可以获取到足够的杠杆。因此，如果将一个短期的、具有较短持仓周期、年化收益率很低但是具有很高夏普比率的策略与另一个长期的需要持仓很久、具有更高投资回报但是夏普比率很低的策略相比较，那么更好的选择是，选取那个短期的策略，即使你的目标是长期的投资回报。（为了不把问题复杂化，我们这里不考虑税务问题，以及借入资金限制等问题。这个结论虽然令人惊讶，但是我们会在第六章的资金和风险管理部分更深入地分析这一问题）。

量化交易策略的比较与评估

现在，假设你已经了解了几个符合你个人需求的潜在策略。可能已经有人对这些策略做了回测检验，并报告说，这些策略都有非常好的历史表现。那么在你花费时间对这些策略进行更详细的历史回测检验之前（更别说投入你的资金去实际按这些策略进行交易），下面列出了一些必要的检查内容，可以确保你避免浪费时间和金钱。

这个策略的表现和业绩基准相比表现如何，策略回报的稳定性如何

如果我们分析的对象是一个股票交易策略，并且只买入股票的话，那么分析过程就比较清晰了。大家都知道一个纯多头的股票策略，一年带来 10% 左右的平均回报并不是太难实现。因为投资一个股票指数基金，平均下来也差不多能带来同样的回报。但是，如果是一个多空相平的价值中性策略（这个投资组合持有相同资金的多头和空头），那么 10% 的收益就相当不错了，因为我们比较的业绩基准并不是市场指数，而应该是一些无风险资产的收益，比如 3 个月期美国国债的收益（这个收益在写本书的时候是 4%）。

另外一个需要考虑的问题是，策略是否可以产生持续稳定的投资回报。尽管一个策略可以产生和业绩基准一样的平均投资回报，但如果这个策略可以每个月都赢利，而业绩基准则会偶尔遇到单月的大幅亏损，那么你应当认为这个策略是比业绩基准更好的。这种判断方式会让我们开始考虑，使用信息比率或者夏普比率而不是投资回报本身作为量化交易策略，是更加合理的业绩评估手段。

信息比率是你去衡量一个纯多头策略时使用的工具。信息比率的定义公式如下：

信息比率 = 平均超额回报率 / 超额回报率的标准差

其中，

超额回报率＝投资组合回报率－业绩基准回报率

一般来说，业绩基准通常是你交易的证券所处行业或风格板块的市场指数。比如，你只交易小市值股票，那么你的业绩基准应该使用的是标准普尔小市值股票指数或罗素 2000 指数，而不是使用标准普尔 500 指数。如果你仅仅交易黄金期货，那么你的业绩基准就应该是黄金现货价格，而不是股票指数。

夏普比率实际上是信息比率的一个特例，适用于我们交易资金中性策略的时候，因为我们使用的业绩基准都是无风险回报率。实际上，大部分交易员都使用夏普比率，即使他们仅仅做单边交易（纯多头或者纯空头），因为这样可以便于在不同策略间进行比较。所有人都对无风险收益的大小观点一致，但是每个交易员却可以使用不同的市场指数，来产生一个他们自己最喜欢的信息比率。不同的比较基准，使得策略间的比较变得很困难。

（实际上，也有些人会考虑在计算夏普比率的时候，需不需要减去无风险利率，如何对夏普比率进行年化处理等。我会在第三章详细分析这些问题，也会提供一个计算价值中性策略的夏普比率的案例，以及一个计算纯多头策略的夏普比率的案例。）

如果夏普比率是这么好的一个衡量不同策略优劣的指标，那么你可能会觉得，为什么大部分时候，我们看到的业绩指标还只是收益，而不是夏普比率呢？实际上，当我和同事去 SAC 资本（资金管理规模为 140 亿美元）进行策略路演的时候，他们的风险管理主管曾经指出："嗯，高的夏普比率固然很好，但是如果你能够实现更高的收益，那么你将会用我们给你的奖金买到更大的房子！"我觉得这个想法不太对：高夏普比率最终会让你赚得更多，因为高夏普比率可以让你使用更高的杠杆。最终，是杠杆后的收益更有意义，而不是这个策略的名义收益。我会在第六章"资金和风险管理"的部分，分析更多这方面的内容。

（是的，我们去 SAC 的路演并不成功，但是其原因和我们的策略收益无关。在那个时候，无论是我还是我的同事，都对夏普比率和杠杆后回报之间的关系了解不深，所以我们无法有效地回答 SAC 风险管理主管的问题。）

我们现在已经理解了什么是夏普比率，你可能还想了解，你在考虑的交易策略使用的是哪种夏普比率。通常情况下，策略的提出者不会告诉你他使用了哪种夏普比率，如果你想进一步调查，你可能需要发邮件给提出者私下询问更多细节。一般策略的提出者都很乐于回答，特别是那些金融学教授；但是如果他们拒绝，那么你就不得不去自己进行历史回测检验了。有时候，你也可以根据有限的信息，做出一个大致准确的判断。

- 如果一个策略一年只交易几次，那么这个策略的夏普比率一般不会太高。当然这不妨碍其成为你多策略投资组合中的一个，但是这个策略不能成为你主要产生利润的核心策略。
- 如果一个策略有较深的（超过 10%）或者较长时间（4 个月或以上）的回撤，那么这个策略很可能就没有高的夏普比率。我会在下一部分介绍回撤的概念，但是你可以从交易表现的资金曲线上，很直观地看出来策略的好坏（交易表现的资金曲线，是历史盈利和亏损累加起来形成的曲线，一般需要假设没有资金赎回或者资金注入）。看看资金曲线是否起伏震荡。任何一个从资金曲线的最高点到最低点的部分，都是一个回撤（见图 2.1）。

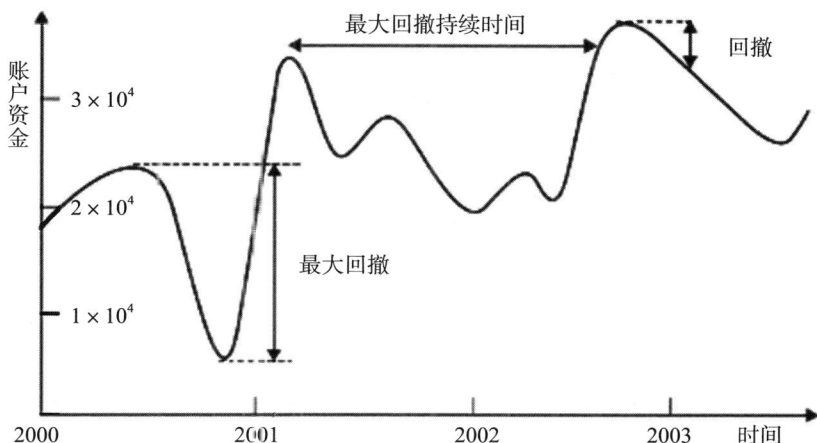

图 2.1　回撤、最大回撤以及最大回撤持续时间

有一个简单的经验结论，任何一个夏普比率低于 1 的策略，都不适合单独使用。如果你想要你的策略可以每个月都赢利，那么其（年化）夏普比率一般要大于 2。如果你想要你的策略每天都赢利，那么其夏普比率一般要大于 3。我会在第三章的案例 3.4、案例 3.6 和案例 3.7 中，向你展示如何计算不同策略的夏普比率。

最大回撤有多深、持续了多久

如果一个策略最近亏钱了，那么这个策略就处于回撤中。最大回撤的标准定义是，在某一时间 t，其现在账户的投资组合的资金规模（假设没有资金赎回或资金注入）和在时间 t 以前，资金曲线的资金规模的最大值之间的差异。最大回撤，指的是资金曲线的全局最高点，与在资金曲线全局最高点出现之后所产生的全局最低点之间的差异（在这里，时间顺序很重要，全局最低点必须产生在全局最高点之后）。全局最高点也称"最高水位"。

最大回撤时间，指的是资金曲线回补之前的亏损所需要的最久的时间。

大部分时候，最大回撤是以百分比来计量的，其分母是资金曲线最高水位时的资金规模，其分子是在达到最高水位之后，资金曲线所产生的最大损失。

图 2.1 显示了一个资金曲线上面的回撤、最大回撤以及最大回撤持续时间。我会在第三章的案例 3.5 中介绍如何通过一张每日利润和损失的表格，在 Excel 或 MATLAB 中计算这些数值。你需要记住的一件事情是：最大回撤对应的阶段和最大回撤持续时间对应的阶段，很可能并不是相同的。

从数学上进行定义，历史回撤看起来既抽象又遥远。但是，在现实交易过程中，如果你是一个交易员，那么在经历回撤时，你会感觉到五脏六腑都在抽搐，情绪上也会非常低落。回撤是一段很难受的过程。（这个过程无论是个人独立交易者还是机构交易者都会经历。当一个机构的交易团队经历回撤的时候，所有人都可能会觉得生命失去了意义，他们会每天都在担心自己的策略会不会被停止交易，甚至整个交易团队会不会被解散。）因此，回撤是一个我们想要减小的东西。你必须很现实地问自己，你可以忍受多深、多久的回撤。在回撤达到这个水平之前，你会不会有冲动平掉你的持仓，并停止你的策略。这个数值会是 20% 的连续回撤，连续 3 个月不赚钱？还是连续 10% 的回撤，连续 1 个月不赚钱？将你能够忍受的数值和你候选策略的回测结果进行比较，你就可以判断这个策略是不是适合你了。

即使你发现交易策略的提出者，没有公开其策略的准确回撤数字，你仍然可以通过其资金曲线来进行估算。比如图 2.1 中，你可以看到资金曲线的最长回撤时间，是从 2001 年 2 月到 2002 年 10 月。所以这个策略的最长回撤持续时间是 20 个月。同样，在最大回撤的高点，资金曲线的价值规模是大概 2.3 万美元，而在最大回撤的低点，资金曲线的价值规模就只有 0.5

万美元，因此，这个策略的最大回撤规模是 1.8 万美元。

交易成本将如何影响策略

每买或卖一次证券，就会产生一次交易成本。交易的频率越高，交易成本对于策略赢利能力的影响就越大。这些交易成本不仅仅是交易商收取的手续费。交易成本当中，也包括流动性成本——当你意图以市价买入或者卖出证券的时候，你需要支付买卖价差成本。如果你使用限价订单进行证券买入或者证券卖出，那么虽然这样不会产生流动性成本，但是会产生机会成本。这是因为，你的限价报单有可能不能成交，因此你会错过你进行其他交易而获得的潜在利润。并且，如果你打算买入或者卖出相当大数量的证券，那么你的交易行为很难不引起市场价格的变动。（有时你仅仅以比较大的手数挂入限价订单，让市场看到你的买入意图，即使你还没实际买入任何股票，但是市场的价格就已经升高了）。你自己报送的订单对市场价格的影响叫作市场冲击，而这部分成本对于一些流动性不好的证券，将占到整体交易成本当中的很大一部分。

最后，你的交易程序将你的报单传达到你的交易商的时间，与其在交易所中被真正执行的时间会有一个延迟，原因是网络传输延迟，以及一些软件的计算耗时。这种延迟会引起"滑点"，即造成触发你策略下单的价格，与实际交易执行的价格之间有差异。当然，滑点可以是正的，也可以是负的，但是平均来看，对一个交易者来说，在大部分时候滑点会造成亏损，而不是获利。（如果你发现，滑点平均起来对你是正的收益，那么你应该修改你的程序，让你的程序故意延迟几秒下单时间。）

不同证券种类的交易成本差别很大。一般来说，如果你计划成交的量没有显著大于市场中买一价格和卖一价格的平均挂单量，你可以通过计算某一证券的买一与卖一价差的一半，再加上交易手续费，来估算你的交易成本。比如，你交易标准普尔 500 指数中的一只股票，平均交易成本（排除交易手续费，因为不同的交易商收取的手续费不同）大概是 5 个基点（也就是万分之五）。请注意，我一般将交易一个来回，也就是一次买入交易加一次卖出交易，当成两次成交。因此，交易一个来回的成本，在这个案例当中是 10 个基点。如果你交易 ES，也就是标准普尔 500 指数的电子化小型合约期货，那么你的交易成本大概是 1 个基点。有些时候，策略的提出者会在他们的策略介绍当中，说明他们在历史回测之中已经包含了交易成本。但是很多时候，这些提出者的策略不会包含交易成本。如果他们没有说明已经包含了交易成本，那么你一般需要假设，这个结果是计算交易成本之前的，并且自己判断这个策略在加入交易成本之后是否还有效。

我们举个例子来解释交易成本对于一个策略的影响。比如，我们在标准普尔 500 指数电子化小型合约期货上，进行一个均值回归类的交易策略。这个策略是基于布林带来设计的：也就是说，每一次价格高于或者低于历史行情均线的两倍标准差之外的时候，我们分别做空或者做多。当价格回到一倍标准差之内的时候，我们平仓。如果你允许你的策略每 5 分钟进行开仓或者平仓交易一次，那么你能够发现，如果不计算手续费，你的夏普比率将高达 3，这实际上是非常好的结果。但是，如果你每次交易计入 1 个基点的交易成本，这个策略的夏普比率将下降到 -3，那么这个策略会亏掉非常多的钱。

我会在第三章的案例 3.7 介绍另外一个关于交易成本对策略的影响的例子。

策略使用的数据存在幸存者偏差问题吗

一个股票价格的历史数据库如果不包含那些因为破产、退市、收购合并等原因消失的股票，那么这个数据库就存在幸存者偏差问题。因为数据库里面的所有股票都没有遭受过这些不好的影响。（同样的问题也会出现在公募基金或者对冲基金的数据库上，如果这个数据库不记录那些破产的基金的话。）使用存在幸存者偏差的数据库进行策略回测，有时候会很危险，因为这样的数据库可能会提升一些策略的回测表现。如果你的策略使用了很多与股票价值相关的信息，那么这种情况是很有可能发生的。也就是说，当你的策略喜欢买入一些价格很低的股票时，有些公司股票价格很低的原因之一是它将会在不久之后破产，但是由于数据库存在幸存者偏差问题，你回测中实际能够买入的，都是那些虽然曾经很便宜，但是最终从问题中恢复了过来的公司股票（甚至后来发展得很好）。并且，你又同时忽略了那些实际上会最终被退市的股票。因此，你的回测结果肯定会比那些在那时候不知道哪只股票会幸存、哪只股票会退市的交易者，要好得非常多。

因此，如果你发现一个策略的思路是"买入便宜的股票"并且有很好的业绩表现，那么你需要询问策略提出者，这个策略是否使用了已剔除幸存者偏差的数据。如果没有免除，那么你应该对提出者的回测结果非常小心。（我会在案例 3.3 中举一个关于幸存者偏差的小例子。）

策略在不同年份的历史表现如何

多数策略在 10 年之前的表现会比现在好很多，至少在回测中是如此。在那个时候，没有很多的对冲基金运行量化策略。同样，那个时候的买卖价差会更大一些。因此，如果你按照现在的交易成本假设回测策略在那个阶段的表现，你会发现在比较早的阶段，策略的表现会比现在好得多。

幸存者偏差问题同样会导致策略在比较早的阶段会有很好的业绩表现。在历史回测中，距离现在的时间越长，幸存者偏差问题就会越显著地抬高策略的表现。因为在那个阶段，会有更多的已经消失的上市公司。这些公司因为破产或者其他原因而不再存在，因此，如果你的策略是只做多股票的策略，那么在回测越早期的时候，策略的损益情况就会比当时实际发生的情况越好。因此，在评价一个策略的持续赢利能力的时候，我们需要特别关注策略在最近几年的表现，而不要被其长期的整体表现所愚弄。因为策略无可避免地在更早的阶段会有更好的表现。

最后，"市场规律的系统性改变"在金融市场中的出现，意味着从早期的金融数据获得的金融模型，不能够一成不变地在今天使用。市场规律的改变，可能是由证券市场的交易规则的改变而引起的（比如价格变化的数据从分数制改变为百分比制，或者是做空限制规则被取消等，我会在第五章进一步说明），也可能是由一些宏观事件引起（比如次贷危机）。

这一点可能会让一些具有统计学思维的读者感到失望，他们原本觉得，数据越多，回测的结果就越有效。这一结论只有在金融数据符合平稳随机过程的时候才是正确的。然而，不幸的是，金融时间序列数据是出了名的不平稳序列。不平稳的原因就是之前提到的，规则在变，宏观经济也在变。

当然，我们也可以用更厉害的模型，将这些市场结构的改变加入到我们的考虑因素之中（我会在第七章详细说明）。但是我们只需要使策略在最近的数据上表现良好，就可以简单地解决这一问题。

策略是否受到数据过拟合 [1] 的影响

如果你构造了一个使用 100 个参数的策略，那么你很容易通过最优化参数的方式，找到一个表现完美的历史业绩情况。但是也非常可能，策略的未来表现和历史表现的差异会非常大，并最终亏钱。通过使用大量的参数，你非常有可能将历史中的一些偶然事件纳入到模型当中，但是这些偶然事件在未来并不会真正发生。实际上，这种数据过拟合偏差是难以避免的，即使你仅仅使用两个参数（比如进场和出场阈值）。我会在第三章进一

---

[1]　过拟合（Data-Snooping），是指为了得到一致假设而使假设变得过度严格，造成模型在训练数据集上的表现良好，但在训练数据集以外的数据集上却无法很好地拟合数据。

步讨论这方面的问题。总之，交易策略使用越多的规则，或者模型的参数越多，策略就越容易受到数据过拟合的影响。越简单的模型，往往越能够经得起时间的考验。（见下面我关于人工智能和股票选择的讨论。）

人工智能和股票选择

不久前，《纽约时报》刊登了一篇文章，雷·库兹韦尔（Ray Kurzweil），一位人工智能领域的先驱，建立了一个新的对冲基金。[感谢我博客上的朋友亚瑟·安华（Yaser Anwar）将这个消息告诉了我。]库兹韦尔选股的逻辑来自于使用机器算法去关注数十亿笔交易，并发现了我们人类无法发现的价格模式（记者希格报道，2006）。

虽然我是坚定的算法交易使用者，但是我对基于"人工智能"的交易策略保持怀疑的态度。

虽然这样总结可能会过于简略，但是我们可以将人工智能的特点总结为：将过去的数据拟合成具有非常多参数的模型。这个总结对于很多流行的人工智能工具都适用：神经网络、决策树、遗传算法等。通过使用大量的参数，我们确实可以捕捉到一些人们无法观察到的市场特征。但是这些特征会持续存在吗？或者这些特征会不会仅仅是一些随机的噪声，并不会再次出现？人工智能专家告诉我，他们有很多保险措施，可以防止人工智能模型将噪声归纳为特征。实际上，这样的工具在零售市场数据的营销分析工作中，或者对信用卡违约问题的分析上，确实具有很高的有效性。很明显，消费者和违约者的特征模式，随着时间的推移都能够保持稳定。然而，从我的经验来看，这些保险措施在金融市场预测工作中实际的效果并不好，并且对历史数据当中存在的随机噪声进行过拟合，这仍然是一个很严重的问题。事实上，我过去曾经建立了大量基于人工智能算法的金融市场预测模型。每一个我精心设计的模型，都在回测过程中产生了非常好的表现，但是一旦实盘交易，这些策略的表现都不怎么样。其主要的原因就在于，金融数据中统计意义上独立的数据的数量和那些数以十亿计的消费者数据和信用卡交易数据相比，实在是太有限了。（你可能会觉得 Tick 级别的交易数据是非常多的，但实际上，这些数据大部分是序列相关的，和完全独立的数据相差很远。）

当然，这不是说，在金融市场预测中所有的基于人工智能的方法都不会有效。有一些与人工智能相关的模型是可以用的，它们有如下的一些特征。

● 它们基于合理的计量经济学或者理论推断，而不是随机发现的特征。
● 它们使用较少的参数来拟合历史数据。
● 它们只涉及线性回归，而不是拟合一些复杂的非线性模型。
● 它们在概念上都很简单。
● 所有的优化活动都仅仅来自于历史数据的移动窗口，而不使用未来数据。而优化的效果，则通过未来的、不可见的数据来展示。

只有对交易使用的模型加上这些限制，我才敢使用我的有限的、珍贵的历史数据对其进行检测。很明显，"奥卡姆剃刀法则"不仅仅对于科学领域有用，对于金融领域也有用。

这样的策略有没有可能被机构资金管理者发现

因为本书的目的在于教授读者，如何从零开始开展量化交易业务，而不是如何创立一个对冲基金并管理数以百万美元计的资金。实际上，和大家想的正好相反，你应该选择那些机构投资者不太会用到的策略，比如那些因为交易频率较高而导致策略容量较低的策略（策略容量是一个技术术语，用来描述一个策略可以容纳多少的资金量，而不会引起其收益的下降），或者每天只交易很小的股票池的策略，又或者交易一些流动性不太好的标的的策略。（比如第七章提到的大宗商品市场中的季节性交易策略。）这些策略因为没有完全被巨型对冲基金用过量的套利交易消除其赢利的机会，所以你仍然会在市场的缝隙中寻找到属于你的利润。

本章小结

寻找潜在的可用的量化交易策略并不难。

这样的策略来自：

- 商学院和其他经济研究网站；
- 关注个人独立交易者的金融网站和博客；
- 一些交易员用来和同行交流想法的论坛。

当你在网上搜寻到足够的信息，或者阅读了大量的交易杂志之后，你肯定能够找到一些有潜力的交易策略。将这些策略根据你的个人情况和需求进行改造，并根据我之前列出的筛选条件进行选择（更准确地说，我们需要对这些信息保持合理适度的怀疑）。

- 你有多少时间来维护你的交易系统？
- 你的编程技巧有多好？
- 你有多少资金？
- 你的目标是每月都赚一点钱，还是去追求长期、大额的投资回报？

甚至在对策略进行深度的历史回测之前，你也可以很快地筛除一些不合适的策略。你可以根据下面的检测标准来进行判断：

- 这些策略是否表现得比业绩标准好？

- 它们是否有足够高的夏普比率？

- 它们的回撤是否足够小？回撤持续时间是否足够短？

- 回测过程是否有幸存者偏差？

- 这些策略近几年的表现是否和历史表现差距很大？

- 这些策略是否有自己的盈利空间，以避免和大型机构投资者进行高强度竞争？

    在完成以上的快速分析之后，你就可以进入下一章了。在下一章，你将学会如何对你的策略进行严格的历史回测，以确保这些策略真正与其提出者宣称的一样，可以赢利。

第三章

量化交易策略的历史回测

　　传统投资管理的工作流程，与量化投资的工作流程之间的一个非常重要的差异就是，是否可以通过量化的手段对其历史业绩表现进行回测，从而看看策略在过去表现得如何。即使你发现一个策略的投资逻辑已经被解释得非常清晰明了，同时也有可获得的全部历史业绩，你仍然需要自己对这个策略进行回测检验。这个过程可以实现很多目标。首先，即使没有其他收获，将策略的研究工作重复做一遍，也可以确保你完全理解了这个策略，并且确保你具备足够的能力，可以复制这个策略。这样，你在将这个策略移植到你的实盘交易执行系统的时候，就不会出错。就像任何医学或者科学研究过程一样，复制其他人的结果，也可以确保原始的研究没有因为一些常见的错误而造成研究的结果不准确。其次，自己进行回测的价值，不仅仅是对策略进行尽职调查。进行回测，也可以让你通过对原始策略进行一些改动，从而改善和提高策略的表现。

　　在本章，我会讲授常见的、可以用来进行回测的平台，可以用来进行回测的数据的各种来源，常见的用来衡量策略历史表现的方法，回测过程中需要避免的常见错误，以及如何对策略进行简单的改良和提高。我还将列举一些完整的开发回测案例，这样可以帮助读者更好地理解在回测过程中需要注意的原则，以及需要使用的技巧。

常见的回测平台

市面上有很多商业化的回测平台，交易者可以在上面按照软件定制化的方式进行历史回测。其中的一些平台需要花费上万美元的使用费。因为我这本书关注的是一些刚刚开始量化交易的读者，我会从一些我熟悉的、可以很便宜地购买并且广泛使用的工具开始介绍。

Excel

Excel 是最基础也是最常见的供交易员使用的工具。无论是个人投资者，还是机构投资者，都广泛地使用 Excel。你可以通过写 Visual Basic 宏代码来进一步提高其功能性。Excel 最便利的地方就是你可以"看见你获得的数据"（或者用计算机术语叫作"所见即所得"）。数据和程序都包含在表格当中，没有任何东西是隐藏在后台的。同样，常见的历史回测错误——"使用未来数据"（这个问题我之后会详细介绍），也很少在 Excel 中出现（除非你使用一些宏命令，这使得 Excel 不再是所见即所得）。因为你可以轻易地将数据列和信号列按照日期匹配的方式放入到数据表格当中，所以 Excel 的另外一个好处就是，通常数据回测和实盘交易可以在同一张表格上进行，因此你不必为实盘交易另外编写新的代码。Excel 主要的不方便的地方在于，它仅仅适用于一些简单的交易模型的回测研究。但是，正如我之前所解释的，简单的模型通常是最好的！

MATLAB

MATLAB® 是大型金融机构的量化分析师和交易员最常用的回测分析平台。这个工具很适合用来回测那种需要在包含非常多的股票的投资组合上使用的策略（想象一下，在 Excel 中回测一个涉及 1500 只股票的交易策略，虽然是可行的，但是会非常痛苦）。它具备很多高级的内置统计和数值计算工具，所以交易员如果要实现一些复杂但是常见的数据计算功能，并不需要"重复造轮子"。（一个常见的例子是主成分分析——经常在统计套利的因子模型中使用，也可以在其他编程语言中实现，详见案例 7.4。）你也可以在互联网上下载大量的第三方免费工具，其中的一些工具对于量化交易这类的需求十分有帮助（比如在案例 7.2 中使用的协整分析工具包）。最后，MATLAB 对从网页获取金融信息并将这类信息整理成可用的格式（这个过程也称网络爬虫）等方面，也十分强大。案例 3.1 将展示具体的实现过程。

MATLAB 看起来可能有点复杂，但是实际上是很容易学习的（至少，MATLAB 的一些基础功能是很容易学会的），并且在上面写一个完整的回测程序实际上花不了多少时间。MATLAB 不好的地方在于，它价格比较贵：你需要花 1000 美元来获得一个使用账号。但是，市面上也有很多和 MATLAB 相似的软件，你可以在上面编写和 MATLAB 相似的程序，列举如下：

- O-Matrix
- Octave
- Scilab

这些和 MATLAB 相似的软件，有些只需要你花费数百美元，有些是完全免费的。当然一般来说，其中越贵的软件，与用 MATLAB 编写的程序的兼容性越好。（当然，如果你希望完全写你自己需要的所有程序，而不使用任何第三方代码，兼容性并不是问题。但是你会因此失去使用一种语言的最大好处——也就是可以使用其他人写好的代码。）MATLAB 另外一个不好的地方就是，MATLAB 用于历史回测是非常有用的，但是在交易执行平台使用时，就显得笨拙了。所以，常见的情况是，在你完成回测研究之后，你需要在另外一个编程语言下面，建立一个独立的交易执行系统。除了这

些不好的地方，MATLAB 是在量化交易人群当中被最广泛使用的语言。我
会在这本书的所有历史回测案例中附加上 MATLAB 代码。我也会在附录当
中简明扼要地介绍 MATLAB 这门语言。

案例 3.1：使用 MATLAB 来爬取网络页面上的金融数据

MATLAB 不仅仅可以用于数值计算，也可以用来进行文本获取。下面
是一个使用 MATLAB 从雅虎财经网站上获取一只股票的历史价格信息的
案例。

```
clear; % make sure previously defined variables are %erased.

symbol = 'IBM';  % the stock of interest
% retrieving a webpage
historicalPriceFile = …
 urlread(['※※※', symbol]);

% extracting the date field to a cell array of cells
dateField = …
regexp(historicalPriceFile,…
?<td class="yfnc_tabledata1" nowrap align="right">…
([\d\.,]+)</td>', 'tokens');
% extracting the numbers field to a cell array of cells
numField=regexp(historicalPriceFile,…
?<td class="yfnc_tabledata1" align="right">…
```

※※※　此处可加入雅虎财经的具体页面地址链接。

```
([\d\.,]+)</td>', 'tokens');

% convert to cell array of strings
dates=[dateField{:}]';

% convert to cell array of strings
numField=[numField{:}]';

% convert to doubles array
op=str2double(numField (1:6:end)); % open
hi=str2double(numField (2:6:end)); % high
lo=str2double(numField (3:6:end)); % low
cl=str2double(numField (4:6:end)); % close
vol=str2double(numField (5:6:end)); % volume
adjCl=str2double(numField (6:6:end)); % adjusted close
```

这个网络爬虫脚本有一个局限：它只能一次爬取一页网页。因为雅虎财经将股票历史数据分布在多张连续的网页当中，因此这个脚本在爬取整个 IBM 股票的历史价格数据这项工作上并不是特别有用。不过，这仅仅是一个 MATLAB 处理文字信息功能的简单案例。

TradeStation

对于 TradeStation，很多个人独立投资者是十分熟悉的，因为一般的交易商都会向他们提供这个整合了历史回测和实盘交易执行的平台。这个平台可以直接连接到交易商的服务器上，其主要优势在于如下两方面。

- 多数用来进行历史回测的数据已经是现成的了，你可以直接在软件中使用，而不像使用 Excel 或者 MATLAB 一样，还需要从其他渠道获得。

- 一旦你写完了回测程序，你可以立刻使用同样的程序，用来生成实际的交易订单，并且将订单需求传递给你的交易商。也就是说，你可以用同样的代码，来进行历史回测和实盘交易。

这个平台的缺点在于，一旦你在这个平台上写交易策略代码，那么你就必须使用 TradeStation 作为你的交易软件。TradeStation 使用一种自己开发的编程语言，这个语言并不像 MATLAB 那样灵活，并且也不具备一些交易员常用的更高级的统计或者数值计算功能。尽管如此，如果你觉得这种把所有事情都集中在一个软件下完成的平台更加方便，那么 TradeStation 仍然是一个很好的选择。

因为我在日常工作中没使用过 TradeStation，因此我不会在书中附加用 TradeStation 写的回测案例。

高端回测平台

如果你比较富有，愿意去购买一些大机构使用的回测平台，下面是一些这类平台的名单：

- FactSet's Alpha Testing
- Clarifi's ModelStation
- Quantitative Analytics' Market QA
- Barra's Aegis System
- Logical Information Machines

● Alphacet Discovery

在这些平台中，我个人仅仅使用过 Logical Information Machines 和 Alphacet Discovery。对于 Logical Information Machines，根据我十年前的使用经验，在回测期货类策略的历史业绩方面非常好用，但是在回测股票类策略上比较弱。Alphacet Discovery 是一个新的平台，整合了数据获取、历史回测、机器学习技术下的参数优化，以及交易自动化执行等功能。它是一个功能很强大的回测和交易工具，适用于期货、股票、外汇等。案例 7.1 提供了一个使用 Alphacet Discovery 平台进行回测的案例。

历史数据库的选择与评估

如果你开发的策略需要使用某一种特别的历史数据，这时你最好先使用搜索引擎搜寻一下。你会发现有很多免费或者很便宜的历史数据可以获得，并且数据的类型也很丰富。（比如，尝试搜索"免费期货日内历史数据"。）表 3.1 列出了一些我在这些年发现的、觉得有用的历史数据库，它们中的大部分都是免费或者价格很便宜的。我有意没有列出一些昂贵的数据库，比如彭博、道琼斯、FactSet、汤森路透或 Tick Data。虽然这些数据库包含了任何你可能需要的历史数据供你购买，但是这些数据商主要的服务对象是一些大型的机构，它们的使用费用对于一些个人或者创业中的交易公司来说是过于昂贵的。

表 3.1 供回测使用的历史数据库

来源	优势	劣势
股票日线数据		
雅虎财经	免费，经过股票拆分 / 分红调整	存在幸存者偏差，每次只能下载一只股票的数据

（续表）

来源	优势	劣势
HQuotes 网站	价格便宜，数据和雅虎财经一致，可以同时下载多只股票的数据	存在幸存者偏差，对股票拆分进行了调整，但是没对分红进行调整
CSIdata 网站	价格便宜，是雅虎财经和谷歌财经的数据源，可以同时下载多只股票的数据	存在幸存者偏差
TrackData 网站	价格便宜，经过股票拆分 / 分红调整，可以同时下载多只股票的数据，可下载基本面数据	存在幸存者偏差
CRSP 网站	无幸存者偏差	价格贵，每月只更新一次
期货日线数据		
Quotes-plus 网站	价格便宜，可以同时下载多个合约数据	
CSIdata 网站	价格便宜，可以同时下载多个合约数据	
外汇日线数据		
Oanda 网站	免费	
股票日内数据		
HQuotes 网站	免费	日内数据的历史时间较短
期货日内数据		
DTN 网站	可以获取买卖盘口数据，来自于 NxCore	价格贵，需要购买实时数据
外汇日内数据		
GainCapital 网站	免费，数据历史长	

尽管在互联网上寻找数据可能比寻找合适的策略更加容易，但是在这些数据库当中，有一些常见的问题和常犯的错误，我们要在本章的后面部分加以讨论。这些问题多数来自于股票和交易所交易基金（ETF）的数据。下面是一些常见的问题。

这些数据是否进行过股票拆分和分红调整

如果一个公司进行 1 到 N 拆分（N 通常是 2，但是 N 也可以是小于 1 的数值，比如 0.5；当 N 小于 1 的时候，这个过程也称股票合并），并在 T 日进行除权的话，那么股票的所有 T 日以前的价格数据，需要除以 N。同样，一个公司派发每股 d 美元的分红，并在 T 日进行除权的话，那么股票所有 T 日以前的价格数据，需要乘以（$T-1$ 日收盘价 $- d$）/ $T-1$ 日收盘价。值得注意的是，我是通过一个乘数来调整历史价格的，而不是直接减去 d 美元。这样可以保证历史数据的收益情况在调整前后没有改变。这是雅虎财经进行历史价格调整的方法，也是最常见的方法。（如果你通过价格减去 d 美元的方式进行调整，那么在调整前后，股票的价格变动是保持一致的，但是每日收益就不一样了。）如果历史数据没有经过这样的调整，你会发现除权日的开盘价格和前一日的收盘价格相比，会有一个跳跃（除去正常的市场波动），这样会产生一些错误的交易信号。

我个人推荐读者去使用那些已经调整过拆股和分红的历史数据，因为如果不这样，你需要单独寻找一个记录拆股和分红的历史数据库（比如 earnings 网站），并自己完成这样的调整——这是一个比较烦人而且很容易出错的工作，我会在之后的案例中介绍这个内容。

案例 3.2：对拆股和分红进行调整

我们这里以 IGE 为例，它是一个交易所交易基金（ETF）。它在历史上既出现过拆股，也出现过分红。其在 2005 年 6 月 9 日（除权日），进行了 2:1 拆股。我们可以看一下在那个日期附近的未经调整的数据，见表 3.2。（你可以从雅虎财经下载 IGE 的历史数据到你的 Excel 表格上。）

表 3.2　未经调整的数据

日期	开盘价	最高价	最低价	收盘价
2005/6/10	73.98	74.08	73.31	74
2005/6/9	72.45	73.74	72.23	73.74
2005/6/8	144.13	146.44	143.75	144.48
2005/6/7	145	146.07	144.11	144.11

因为股票拆分的原因，你需要调整 2005 年 6 月 9 日之前的价格数据。在这个案例中，这是比较简单的，因为 $N=2$，所以你只需要将之前的价格除以 2。下面的表 3.3 是调整后的价格数据。

表 3.3　经价格调整后的数据

日期	开盘价	最高价	最低价	收盘价
2005/6/10	73.98	74.08	73.31	74
2005/6/9	72.45	73.74	72.23	73.74
2005/6/8	72.065	73.22	71.875	72.24
2005/6/7	72.5	73.035	72.055	72.055

现在，一些机敏的读者可能会发现，我们上面表格中的调整后的数据和在雅虎财经中显示的调整后的数据不一致。原因是在 2005 年 6 月 9 日之后，这个基金还进行了分红，因此雅虎财经的价格数据也对这些分红进行了调整。因为每一次调整都需要乘以一个乘数。表 3.4 列出了从 2005 年 6 月 9 日开始到 2007 年 11 月的全部分红情况，以及发生分红前的一个交易日的未经调整的收盘价格，因此我们可以计算出一个调整乘数。

表 3.4　分红情况和调整乘数

除权日	分红	前一交易日收盘价	调整乘数
2007/9/26	0.177	128.08	0.998618
2007/6/29	0.3	119.44	0.997488

（续表）

除权日	分红	前一交易日收盘价	调整乘数
2006/12/21	0.322	102.61	0.996862
2006/9/27	0.258	91.53	0.997181
2006/6/23	0.32	92.2	0.996529
2006/3/27	0.253	94.79	0.997331
2005/12/23	0.236	89.87	0.997374
2005/9/26	0.184	89	0.997933
2005/6/21	0.217	77.9	0.997214

（你可以在自己的 Excel 表格里面根据我之前给的公式，计算你自己的调整乘数，看看是不是和我给出的数据一致。）所以最终的调整乘数需要累乘全部的调整乘数，就是 $0.998618 \times 0.997488 \times \cdots \times 0.997214$，最终等于 0.976773。这个调整乘数需要作用于全部的 2005 年 6 月 9 日及其之后的数据。加上拆分股票的乘数，最终的乘数是 $0.976773 \times 0.5 \approx 0.488387$，这个乘数需要作用于全部 2005 年 6 月 9 日之前的数据。所以我们可以看一下应用这个乘数之后，我们所得到的价格数据，如表 3.5 所示。

表 3.5　乘数调整后的数据

日期	开盘价	最高价	最低价	收盘价
2005/6/10	72.26163	72.35931	71.6072	72.28117
2005/6/9	70.76717	72.02721	70.55228	72.02721
2005/6/8	70.39111	71.51929	70.20553	70.56205
2005/6/7	70.81601	71.33858	70.38135	70.38135

我们现在可以和我们在 2007 年 11 月 1 日从雅虎财经获取的价格数据进行对比，如表 3.6 所示。

表 3.6　雅虎财经的数据

日期	开盘价	最高价	最低价	收盘价	成交量	调整后的收盘价
2005/6/10	73.98	74.08	73.31	74	179300	72.28
2005/6/9	72.45	73.74	72.23	73.74	853200	72.03
2005/6/8	144.13	146.44	143.75	144.48	109600	70.56
2005/6/7	145	146.07	144.11	144.11	58000	70.38

可以看到，我们计算得到的调整后的收盘价格和雅虎财经提供的数据一致（经过保留两位小数调整）。但是，理所当然的，当你读到这本书的时候，IGE 非常可能又经过了分红和拆股等操作，因此雅虎财经的表格可能又发生了改变。你可以看看自己能否根据之后的分红和拆股信息，练习一下这个调整过程，根据同栏的方法，计算出和雅虎财经现在一样的调整后价格数据。这是一个很好的练习机会。

数据是否免于幸存者偏差

我们已经在第二章讲授了一部分这方面的内容。但是，遗憾的是，那些免除幸存者偏差的数据库通常是非常昂贵的，很多这样的数据库对于刚开始进行量化交易的人来说，是负担不起的。解决这个问题的一个办法是，你可以从现在开始收集每日的实时数据，以便用于将来进行回测。如果你可以将你的选股池当中的全部股票数据每日都保存下来，那么你就可以获得一个免除了幸存者偏差的数据库用于未来使用。另外一个减轻幸存者偏差的方法是你基于最近的数据，来回测你的策略，这样你的回测结果就不会因为历史上消失的股票而受到太大的影响。

案例 3.3：幸存者偏差导致你的策略表现高于实际表现的案例

我们这里看一个简单的策略——"买入低价股票"（这个测试策略可能会产生巨亏！）。我们从美股市值排名前 1000 位的股票选股池中，选择 10 只在年初的收盘价最低的股票，并持有（使用相同资金）一年。我们看一下，如果我们使用没有幸存者偏差的、完善的数据库，我们会选择哪些股票，如表 3.7 所示。

表 3.7　免除幸存者偏差后的选股列表

股票代码	2001 年 1 月 2 日收盘价	2002 年 1 月 2 日收盘价	最终价格
ETYS	0.2188	NaN	0.125
MDM	0.3125	0.49	0.49
INTW	0.4063	NaN	0.11
FDHG	0.5	NaN	0.33
OGNC	0.6875	NaN	0.2
MPLX	0.7188	NaN	0.8
GTS	0.75	NaN	0.35
BUYX	0.75	NaN	0.17
PSIX	0.75	NaN	0.2188

除了 MDM，其他股票都在 2001 年 1 月 2 日到 2002 年 1 月 2 日期间退市了（毕竟，这段时间是美国互联网泡沫破裂最严重的时候）。NaN 表示这只股票在 2002 年 1 月 2 日已经不存在了。最终价格表示这只股票在 2002 年 1 月 2 日之前的最后的交易价格。这个投资组合在那年的收益是 −42%。

现在我们看一下，如果我们使用一个有幸存者偏差的数据库，我们会得到什么样的结果。实际上，我们会不选择所有在那年退市的股票。因此，我们会实际选择另外一个股票清单，如表 3.8 所示。

表 3.8　带有幸存者偏差的选股列表

股票代码	2001 年 1 月 2 日收盘价	2002 年 1 月 2 日收盘价
MDM	0.3125	0.49
ENGA	0.8438	0.44
NEOF	0.875	27.9
ENP	0.875	0.05
MVL	0.9583	2.5
URBN	1.0156	3.0688
FNV	1.0625	0.81
APT	1.125	0.88
FLIR	1.2813	9.475
RAZF	1.3438	0.25

可以看到，我们选择的都是那些一直"存活"到 2002 年 1 月 2 日的股票，因此他们在 2002 年 1 月 2 日都有收盘价。我们这个投资组合的收益是 388%！

在这个案例中，亏损 42% 是一个交易员实际执行这个策略所要经历的，而因为受到了数据库中的幸存者偏差的影响，388% 则是一个虚假的收益。

你的策略是否使用最高价和最低价

对于大部分股票的日线数据，最高价和最低价当中包含的噪声会远大于开盘价和收盘价。这意味着，即使你在当日的最高价下面下达一个买入限价单，这个订单也不一定会成交；反之，卖出限价单也会有此问题。（这是因为只有很少的订单会在最高点成交，或者因为美国市场的撮合中心有很多个，最高价或者最低价成交的市场可能和你订单被发送到的地方是不同的。很多时候，最高价和最低价的出现，可能仅仅是因为有一个没有被正确记录，又没有被清洗掉的高频数据导致的）。因此，一个策略基于最高价或者最低价的回测结果，往往没有那些基于开盘价或收盘价的回测结果可靠。

　　实际上，有些时候，即使是下达开盘市价单，或者收盘市价单，这个订单也有可能不会按照历史数据中的开盘价格或者收盘价格成交。这是因为你看到的价格可能是来自于主要交易所（比如纽约证券交易所），也可能来自于一个区域性的交易所。这依赖于你的订单报送到哪里，订单很可能会以和历史数据中开盘价格或者收盘价格不同的价格成交。尽管如此，基于收盘或者开盘价格的历史回测结果，通常比基于最高价或者最低价的回测结果受到错误数据的影响更小。并且对于后者，其结果往往会让你的历史回测的表现比实际的表现更好。

　　从数据库获取数据之后，推荐读者先做一个快速的错误检查。最简单的方式是计算一下数据导出的每日收益率。如果你有开盘价、最高价、最低价、收盘价等数据，你也可以计算不同价格组合的收益情况，比如之前的最高价到今天的收盘价的变化等。你可以仔细分析这些交易日的收益数据，如果其变动的价格距离其平均值超过 4 倍标准差，那么就十分值得注意。一般来说，一个极端的收益可能来自于一个重大的新闻公告，或者来自于当天市场指数经历的巨大变动。如果不是上述情况，那么这个数据就非常可疑。

量化交易策略表现的衡量标准

　　量化交易员可以使用一系列的策略表现衡量标准。具体使用哪些计量数据来作为策略选择的标准，有时候依赖于个人偏好，但是为了更容易比较不同策略，或者比较不同交易员的业绩水平，我个人推荐夏普比率和最大回撤这两个指标，作为最重要的参考标准。值得注意的是，我没有使用年化收益率作为指标，而这个指标却是投资者最常使用的。但是如果你使用这个标准，你就需要告诉其他人，很多你用来计算回报的其他信息。比如，如果你使用一个多空股票策略，那么你用于计算的资金，是使用多空某一侧持有的资金规模呢，还是将多空两侧的资金规模都计入在内？你在计算收益时，使用了杠杆（你的收益基数是你的账户权益），还是没有使用杠杆（你的收益基数是你实际投资组合的市场价值）？如果你的账户权益或者持仓市值每天都在变，那么你使用历史移动平均值作为基数，还是仅仅使用每天或者每月的值？大多数（但不是所有）的这些与比较收益相关的问题，可以通过使用夏普比率和最大回撤作为标准的衡量方式来解决。

我在第二章已经介绍了夏普比率、最大回撤和最大回撤周期的概念。在这里，我会介绍一些和计算夏普比率相关的小技巧，并给出在 Excel 和 MATLAB 中应用的计算案例。

在计算夏普比率的时候，有一个小问题经常困扰交易者，即使他是非常有经验的投资组合经理：我们应不应该从价值中性投资组合的收益中，减去市场的无风险利率？答案是否定的。一个价值中性的投资组合并不占用资金（对于美国市场而言），这意味着，你可以通过你从融券卖空中获取到的资金，来购买你的策略需要持有的股票多头，因此其融资成本（由于借贷双方有利差）是非常小的。如果你进行回测，可以将其完全忽略。同时，你账户中的用来持有投资组合头寸所使用的保证金，也将可以赚取和市场无风险利率 r_F 接近的收益。因此，从策略回报上看（策略组合的回报减去保证金提供的资金收益），就是 R，同时市场的无风险利率是 r_F。这样，你所使用的计算夏普比率的超额收益，就是 $R+r_F-r_F=R$。因此，实际上，你就可以在实际使用的整个计算过程中，忽略掉无风险利率，而只需要关注你的股票持仓所能带来的投资回报。

同样，如果你的策略是一个只做多股票的日内交易策略，而这个策略不持有隔夜头寸，那么你也不需要从策略回报当中减去无风险利率来计算超额收益率。原因是，你在这个案例当中，你也不需要为你的持仓支付资金成本。一般来说，只有在你的策略会产生融资成本（或者你账户中的资金被占用，而不能用这部分资金获取无风险利率）的时候，计算夏普比率才需要从你的策略收益当中减去无风险利率。

为了进一步便于不同策略间的比较，大多数交易员会将夏普比率进行年化处理。大多数人懂得如何计算年化收益率。比如，如果你使用月度收益率，那么你可以在你的月度平均收益率上乘以 12，就可以获得年化收益率。

但是，将策略的标准差进行年化，就有一点点难度了。在这种计算当中，基于月度收益率是序列不相关的假设，年化的策略标准差是月度标准差的 $\sqrt{12}$ 倍。因此，年化的夏普比率是你用月度收益率计算的夏普比率的 $\sqrt{12}$ 倍。

一般来说，如果你基于某一时间周期频率 T 来计算策略的平均收益和标准差，无论 T 是月份、日还是小时，当你想要年化这些数字的时候，你首先需要计算一年当中，有多少这样的交易周期（定义为 N_T）。然后：

$$年化夏普比率 = \sqrt{N_T} \times 基于频率 T 计算的夏普比率$$

比如，你的策略是在纽约证券交易所开盘时间（美国东部时间 9:30 — 16:00）持有持仓，其他时间不持有持仓，并且平均的小时收益为 R，收益的小时标准差为 s，那么策略的年化夏普比率是 $\sqrt{1638} \times R/s$。这是因为，$N_T = 252$ 个（年度交易日数）$\times$ 6.5（每日交易小时数）$= 1638$。（一个常见的错误是将每天的自然时间数，当成交易时间数，因此计算 N_T 为 $252 \times 24 = 6048$）

案例 3.4：计算纯多头策略和市场中性策略的夏普比率

我们在这个案例中，将计算一个简单地以 IGE 为投资标的的纯多头交易策略：买入并持有一股 IGE，从 2001 年 11 月 26 日起开始买入持有，在 2007 年 11 月 14 日卖出平仓。假设在这个阶段的无风险利率是每年 4%。你可以从雅虎财经下载这只 ETF 的日线价格数据，选取我们需要的时间区间，并保存到 Excel 文件中（不是默认的 comma-separated file.csv 文件），你可以将其命名为 IGE.xls。之后的几个步骤，我们可以在 Excel 或者 MATLAB 中完成。

使用 Excel

1. 这个文件需要含有已经下载好的 A~G 列。

2. 将所有列按照日期递增的顺序排序（使用数据排序功能，选择"扩充选定区域"按钮进行操作，然后选择"递增"，同时选择"我的数据存在表头"操作按钮）。

3. 在 H3 单元格，输入公式"=（G3-G2）/G2"。这会计算每日收益。

4. 双击 H3 单元格右下角的黑色点，这个操作会将整个 H 列填充满 IGE 的每日收益。

5. 为了使内容更清晰，你可以在 H1 单元格输入表头——"Dailyret"，即每日收益。

6. 在单元格 I3 输入"=H3-0.04/252"，这样来计算超额收益。这里假定，年化的无风险收益是 4%，分布在一年中的 252 个交易日中。

7. 双击 I3 单元格右下角的黑色点，填充超额收益到整个 I 列。

8. 为了清晰，在 I1 单元格输入表头——"Excess Dailyret"，即每日超额收益。

9. 在单元格 I1506（最后一行），输入"=SQRT（252）* AVERAGE（I3:I1505）/STDEV（I3:I1505）"。

10. 单元格 I1506 中显示的数字，应该是 "0.7893"，即这个买入并持有策略的夏普比率。

使用 MATLAB

```
% make sure previously defined variables are erased.
clear;

% read a spreadsheet named "IGE.xls" into MATLAB.
[num, txt] = xlsread('IGE');
% the first column (starting from the second row)
% contains the trading days in format mm/dd/yyyy.
tday = txt(2:end, 1);

% convert the format into yyyymmdd.
tday = datestr(datenum(tday, 'mm/dd/yyyy'), 'yyyymmdd');
% convert the date strings first into cell arrays and
% then into numeric format.
tday = str2double(cellstr(tday));
% the last column contains the adjusted close prices.
cls = num(:, end);
% sort tday into ascending order.
[tday sortIndex] = sort(tday, 'ascend');
% sort cls into ascending order of dates.
cls = cls(sortIndex);
% daily returns
dailyret = (cls(2:end)-cls(1:end-1))./cls(1:end-1);
```

% excess daily returns assuming risk-free rate of 4%

% per annum and 252 trading days in a year

excessRet=dailyret - 0.04/252;

% the output should be 0.7893

sharpeRatio = sqrt(252) * mean(excessRet) / std(excessRet)

现在，我们可以计算另外一个多空市场价值中性策略的夏普比率。实际上，我们只需要对之前的买入并持有策略稍作修改，就可以实现：在买入时点，我们买入 IGE，同时假设我们做空了同样资金规模的标准普尔指数存托凭证（SPY）作为对冲，并在 2007 年的同样时点，将多空双方的头寸平仓。你可以从雅虎财经下载 SPY 的价格数据，并将其存于文件 SPY.xls 中。你可以在 Excel 或者 MATLAB 中使用与之前相同的方法步骤，我把具体的步骤留给大家做一个练习，具体如下。

使用 Excel

1. 对 SPY.xls 中的各列按照递增的顺序进行排列，方法与之前案例相同。

2. 复制 SPY.xls 中的 G 列（调整后收盘价），粘贴到上面的 IGE.xls 表格的 J 列当中。

3. 检查 J 列的行数，确认和之前的 A~I 列具有相同的行数。如果不是，那么这两个表格中的时间不一致——再去检查一下，你是否从雅虎财经下载了相同时间区间的数据。

4. 按照之前案例中的方法，在 K 列计算 SPY 的每日收益。

5. 为了清晰，在 K 列的表头输入"dailyretSPY"，即 SPY 的每日收益。

6. 在 L 列，计算对冲策略的净收益，即 H 列和 K 列的差异，再除以 2。（除以 2 是因为我们需要使用双倍的资金。）

7. 在单元格 L1506，计算对冲策略的夏普比率。你算出结果应该是"0.7837"。

使用 MATLAB

```
% Assume this is a continuation of the above MATLAB
%code.


% Insert your own code here to retrieve data from
% SPY.xls just as above.


% Name the array that contains the daily returns of
% SPY "dailyretSPY".


% net daily returns
(divide by 2 because we now have twice as much capital.)
netRet = (dailyret - dailyretSPY) / 2;


% the output should be 0.7837.
sharpeRatio = sqrt(252) * mean(excessRet) / std(excessRet)
```

案例 3.5：计算最大回撤和最大回撤持续时间

我们继续之前分析多空市场价值中性策略的案例。这次，我们的目的是展示如何计算最大回撤和最大回撤持续时间。在这个计算过程中，第一步是计算每个交易日结束时的"最高水位"，也就是策略到当日为止，最大的累积回报。（通过累积回报曲线去计算最高水位和回撤，等同于使用权益曲线，因为权益曲线就是累积回报加上最初的投资资金）。通过最高水位，我们可以计算回撤、最大回撤，以及最大回撤持续时间。

使用 Excel

1. 在单元格 M3 中输入 "=L3"。

2. 在单元格 M4 中输入 "=(1 + M3) * (1 + L4) – 1"。这就是到该日为止，策略的累积累乘收益。将策略的累积累乘收益填充到整个 M 列，并删去该列的最后一个单元格。将该列命名为 "Cumret"，即累积收益。

3. 在单元格 N3 中输入 "=M3"。

4. 在单元格 N4 中输入 "=MAX(N3, N4)"。这是到当日为止，策略的最高水位。将策略的每日最高水位填充满整个 N 列，并删去该列最后一个单元格。将该列命名为 "High watermark"，即最高水位。

5. 在单元格 O3 中输入 "=(1 + N3) / (1 + M3) – 1"。这是当日收盘时的策略回撤。将整个 O 列填充满策略的回撤。

6. 在单元格 O1506 中输入 "=MAX(O3:O1505)"。这是策略的最大回撤。这个数值应该是大约 0.1053，也就是说，策略的最大回撤是 10.53%。

7. 在单元格 P3 中输入 "=IF(O3=0, 0, P2+1)"。这是目前经历回撤的持续时间。将策略的回撤持续时间填充到整个 P 列，并删去该列最后一个单元格。

8. 在单元格 P1506 中输入 "=MAX(P3:P1505)"，这是策略的最大回撤持续时间。这个值应该是 497，也就是说，策略的最大回撤时间是 497 个交易日。

使用 MATLAB

```
% Assume this is a continuation of the above MATLAB
% code.
% cumulative compounded returns
cumret = cumprod(1+netRet)-1; plot(cumret);
```

```
[maxDrawdown maxDrawdownDuration] = ...

calculateMaxDD(cumret);


[maxDrawdown maxDrawdownDuration] = ...

calculateMaxDD(cumret);

% maximum drawdown. Output should be 0.1053

maxDrawdown

% maximum drawdown duration. Output should be 497.

maxDrawdownDuration
```

注意，上面使用了一个名为"calculateMaxDrawdown"的函数，我会在下面补全代码。

```
function [maxDD maxDDD] = calculateMaxDD(cumret)

% [maxDD maxDDD] = calculateMaxDD(cumret)

% calculation of maximum drawdown and maximum drawdown

% duration based on cumulative compounded returns.


% initialize high watermarks to zero.

highwatermark = zeros(size(cumret));

% initialize drawdowns to zero.

drawdown = zeros(size(cumret));

% initialize drawdown duration to zero.

drawdownduration = zeros(size(cumret));

for t = 2:length(cumret)

        highwatermark(t) = ...
```

```
max(highwatermark(t-1), cumret(t));
        % drawdown on each day
drawdown(t) = (1+highwatermark(t)) / (1+cumret(t)) - 1;
        if (drawdown(t) == 0)
                drawdownduration(t) = 0;
        else
                drawdownduration(t) = drawdownduration(t-1) + 1;
        end
end


maxDD = max(drawdown); % maximum drawdown
% maximum drawdown duration
maxDDD = max(drawdownduration);
```

　　包含这个函数的文件，可以从我的网站下载。你可以从图 3.1 中看到哪里是最大回撤，哪里是最大回撤持续时间。

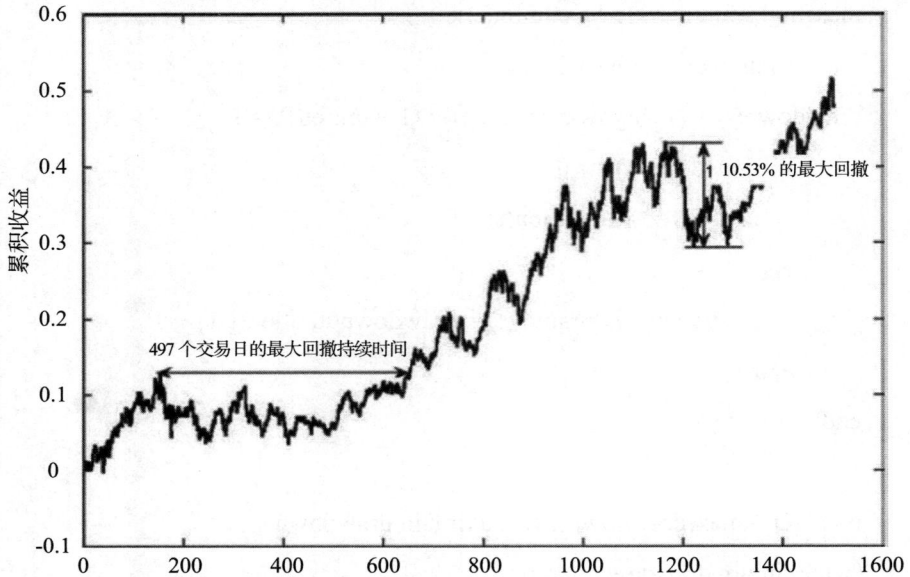

图 3.1　最大回撤和最大回撤持续时间　（对应案例 3.4）

常见的历史回测错误

　　历史回测，是基于历史中某一个时刻的历史信息生成历史中的交易的过程。然后，我们可以通过这个手段，去发现这些历史交易能带来什么样的策略表现。在我们的案例中，可以通过计算机算法来生成这些交易，因此这个过程看起来很简单。但是，这个过程中实际上会有很多因素会导致错误。通常，一个错误的回测会导致回测产生的历史策略表现比实际交易获得的表现更好。我们已经讲过历史回测数据中的幸存者偏差问题会导致策略的回测表现变好。然而，我们还会遇到一些其他的错误，也会导致问题。这些错误来源于我们编写回测代码的过程，或者更基础的，我们构建交易策略的过程。我在这里列举两个最常见的问题，并告诉你一些小技巧，来避免这些问题。

未来数据偏差

这个错误存在于这样的情形下：你在进行交易决策时，使用了在交易发生时刻之后的信息。比如，如果你的开仓条件是"当价格跌到距离当日最低价格 1% 以内时，买入"，那么你的策略就引入了未来信息，因为在当日市场收盘之前，你无法知道当日的最低价格是什么。另外一个例子是：假设你的模型需要对两个价格序列进行线性回归。如果你的回归斜率是通过整个历史数据集获得的，并以此来决定每日的交易信号，那么你也犯了未来数据偏差错误。

我们如何避免未来数据偏差呢？在每个交易时点，我们只使用滞后的历史数据来计算交易信号，这是一个解决方案。对一个数据序列进行滞后处理，意味着你计算的所有数据，比如移动平均线、高低点，或者甚至是成交量，都是基于最多只包括前一交易周期收盘价之前的数据。（当然，如果你的策略只在一个交易周期收盘价的时刻进行交易，那么你就不需要进行滞后处理了。）

未来数据偏差比较容易在使用 Excel 或者其他"所见即所得"类型的程序的过程中被避免，而在使用 MATLAB 时不太好避免。这是因为，在 Excel 当中，你可以很容易使所有的数据列都按照时间有序地排列，以确保每一个单元格中的公式进行计算的数据，是基于这个单元格所在行之前的数据。如果你用当日的数据来产生信号，那么这个问题你可以很明显地看出来，因为你可以用 Excel 的单元格引用显示功能。（双击一个单元格，一个使用公式的单元格会高亮显示出这个单元格中的公式，以及引用的数据所在的所有单元格。）在 MATLAB 中，你必须更加小心，并且记得对某些用于产生信号的序列运行滞后处理操作。

即使你在编写回测程序的时候非常小心谨慎，力图确保程序没有未来数据偏差问题，有时候你仍然会让未来数据悄悄地混入你的回测过程。一些未来数据偏差本质上是十分难以察觉的，因此很难避免，特别是当你使用 MATLAB 的时候。

因此，你最好按照下面这个办法，对你的 MATLAB 回测程序进行最后的检验：运行这个程序，使用你的全部历史数据产生并保存全部的策略目标仓位到一个文件 A（目标仓位文件，是将你的程序在每个交易日所产生的推荐持仓情况全部保存下来的一个文件）。然后，缩短你的历史数据，使得最近的一部分（比如 N 个交易日）的数据被移除。因此，如果之前的历史数据中使用的最后一个交易日是 T，那么在缩短的历史数据中，最后一个交易日就是 $T\text{-}N$。N 可以是 10 天，也可以是 100 天。现在，你再次运行你的回测程序，这次使用的是缩短的历史数据，并将结果产生的目标持仓保存到文件 B。移除文件 A 的最后 N 个交易日的数据，从而使得文件 A 和文件 B 具有相同的行数（交易周期），并且文件 A 和文件 B 的最后一个交易日应当都是 $T\text{-}N$。最后，检查文件 A 和文件 B 中的持仓是否一致。如果不一致，那么你的历史回测程序当中就存在未来数据偏差，你必须发现问题所在，并改正程序。这是因为，你的程序在两次回测中的结果不同，可以说明你的程序在产生持仓决策的过程中，一定是预先使用了你缩短的那部分数据（在 $T\text{-}N$ 日之后，在 T 日之前的部分）来决定文件 A 中的持仓。我会进一步在案例 3.6 的末尾展示一个更复杂一点的步骤。

数据过拟合偏差

在第二章中，我提到了数据过拟合偏差。在这个偏差中，我们基于历史数据中的暂时的噪声，过分优化了模型的参数，因此相对于策略未来的表现，我们过分地提高了策略的历史回测表现。数据过拟合偏差在通过历史数据来构建预测性统计模型的过程中是非常普遍的，但是在金融领域是最严重的，因为金融领域的独立数据非常有限。高频数据尽管数量是充足的，但是仅仅适用于高频模型。另外，尽管我们有可以回溯到 20 世纪早期的股票市场数据，但是也仅仅可以用过去 10 年的数据来构建合适的预测模型。另外，就像我们在第二章中讨论的一样，市场运行规律的改变，将导致即使是过去几年的数据也会变得过于陈旧。拥有的独立数据越少，你就越应该在你的交易模型中使用更少的参数。

一个简单的原则是，我们使用的参数不应当超过 5 个，包括诸如进场和出场的条件、持仓时间，以及计算移动平均线的回看时间等。除此之外，并不是所有的数据过拟合偏差都是来自于参数优化。其他的一系列在创建交易策略过程中的选择问题，也会对在同样的数据集上的反复回测过程产生影响。这些选择包括是在开盘价还是收盘价进行交易，是否持有隔夜头寸，是交易大市值公司的股票还是交易中型市值公司的股票等。通常这些定性的选择是用来使你的策略的历史回测表现最优化，但并不能够最优化其未来的表现。实际上，在我们进行构建数据驱动的模型的时候，是无法完全排除数据过拟合偏差的。但是，我们有一些方法来减少这个问题。

样本数量

处理数据过拟合偏差最简单、保险的方法，就是确保你的回测当中，相对于你的策略使用的自由参数来说，使用了足够的数据。最简单的规则是，我们可以假定我们运行参数优化所使用到的数据点，要达到模型中可以自动变动的参数个数的 252 倍。（这个假设的比率，并不是来自于任何广泛使用的统计学文献，而是完全来自于经验。）因此，比如你使用一个每天交易一次的交易模型，模型中有 3 个参数。那么，你至少要使用超过 3 年的日线历史回测数据。然而，如果你的策略每分钟都可以进行交易并改变持仓，那么你就只需要 252/390 年，也就是大概 7 个月的 1 分钟交易周期的回测数据。（请注意，如果你使用一个每日交易一次的模型，那么即使你使用了 7 个月的 1 分钟级别数据，实际上有效的数据点也仅仅有 7×21=147，远少于足够用来测试 3 个参数模型的数据量。）

样本外测试

将你的历史数据分成两个部分。将其中第二部分（时间上更近的）数据保存出来用做样本外测试。当你在构建模型的时候，仅仅在第一部分数据上面进行参数优化和定性决策选择（叫作训练集），但是你需要在数据的第二部分（叫作测试集）上面检验你的模型。（两个部分应当差不多一样大，但是如果训练集的数据不够用，你可以减少测试集的数据，但仍需留取至少三分之一的数据。训练集的最小规模可以根据之前提到的原则决定。）理性地说，第一部分最理想的参数和决策组合，对于第二部分也是最理想的，但是事实情况很少会这么完美。策略在第二部分数据上的表现，应该至少是合理的。如果不是这样，那么这个模型的数据过拟合偏差就很严重，你需要去简化这个模型，去掉一些参数。

一个更严格（计算也更加复杂化）的进行样本外测试的方法是移动参数最优化法。在这种方法中，参数本身会根据历史数据的变化，动态适应历史数据，选出移动窗口中最优的参数，这样，参数选择导致的数据过拟合问题就被消除了。（见关于无参数交易模型的附加内容。）

无参数交易模型

我之前为其工作的一个投资组合经理，很喜欢骄傲地说他有一些"没有参数"的交易模型。但是由于对冲基金行业有喜欢保密的惯例，他并没有进一步解释他的方法。

　　后来，我逐渐开始理解一个交易模型没有参数意味着什么。这不意味着这个模型不含有任何关于计算过去趋势的回看窗口的长度设定，或者进场和出场的阈值条件设定。这样的模型仅仅意味着，所有这样的参数都是依据移动回看窗口动态最优化的。这样，如果你说："这个模型有止盈条件吗？"这个交易员可以诚实告诉你："没有，止盈条件不是一个输入参数，它由模型自身决定。"

　　这种没有参数的交易模型的好处是，它最小化了通过多组参数对模型进行过拟合的风险（所谓的"数据过拟合偏差"）。因此，回测的结果会与实际的交易表现更加接近。

　　（请注意，参数最优化不仅仅意味着选择一组最好的参数，使得其能够产生最好的回测结果。通常，最好的方式是通过几组不同的参数产生交易目标的平均结果，来综合制定交易决策。）

　　现在，为了及时产生你的下一个交易订单，你需要最优化一个新的参数，但是这个过程需要耗费很大的算力。并且你会发现，在回测中做这个操作是更加困难的，尤其是当你需要对历史上每一个数据点进行多维优化，来寻找多个最优参数的时候。因此，我个人很少使用无参数模型，直到我开始回测一个我在案例 71 中提到的市场状态变化模型的时候。这个模型基本上是无参数的（因为缺少时间，所以我留下了几个从最优化过程中获得的参数）。在这个案例中，我是如何在几分钟内实现参数最优化的呢？我必须要使用一个高端的回测平台——Alphacet Discovery。

　　最终的样本外测试，对于很多交易员来说是十分熟悉的，叫作"模拟交易"。在实盘数据上运行你的策略，是最可靠的检查模型的方法（就差直接交易了），这些实盘数据是你回测时无法获取的。模拟交易不仅仅可以让你执行真实的样本外测试，也可以让你发现你的程序中是否存在未来数据偏差，还可以帮助你了解一些和实盘交易相关的问题。我会在第五章进一步阐述模拟交易。

如果你检验的策略是来自于一些公开的渠道，你仅仅是执行历史回测，来检验公开渠道给出的结果是否正确，那么从这个策略被公开，到你对策略进行回测检验的整个时间段，都是一个宝贵的样本外时间段。只要你不根据样本外的数据对公开的模型中的参数进行最优化操作，这个阶段的回测结果就和模拟交易的结果一样可靠。

案例 3.6：GLD 和 GDX 的配对交易

在这个案例中，我将阐述如何将数据集分成训练集和测试集。我会回测一个配对交易策略，并在训练集上最优化其参数，然后检验其在测试集上的表现。

GLD 和 GDX 是一个好的配对交易标的，因为 GLD 反映了黄金的现货价格，而 GDX 对应的是一揽子黄金采掘行业公司的股票。这两者的价格变动有一定相关性，这从直觉上讲也说得通。在本书中，我会将在训练集进行协整分析的内容放到第七章。在那里，我会展示买入 GLD 并卖出 GDX 所构成的价差组合存在均值回归特性。在本章中，我会根据训练集数据做一个回归分析，来决定 GLD 和 GDX 之间的配对比率，然后决定配对交易策略的进场和出场条件。我们可以在案例中看到如何在训练集上最优化策略的进场和出场条件，并看看这些改变如何影响在测试集上策略的表现。（这个程序可以在我的网站上获得。数据可以从 GDX.xls 和 GLD.xls 中获得。这个程序中的 lag1 函数，会对时间序列进行滞后 1 个数据点的操作，从而避免未来数据偏差。我还使用了一个 ols 函数，来进行线性回归分析，这个函数是从 spatialeconometrics 网站下载的免费工具包。）

使用 MATL\AB

```
% make sure previously defined variables are erased.
clear;
% read a spreadsheet named "GLD.xls" into MATLAB.
[num, txt] = xlsread('GLD');
% the first column (starting from the second row) is
% the trading days in format mm/dd/yyyy.
tday1 = txt(2:end, 1);


% convert the format into yyyymmdd.
tday1 = ...
datestr(datenum(tday1, 'mm/dd/yyyy'), 'yyyymmdd');
% convert the date strings first into cell arrays and
% then into numeric format.
tday1 = str2double(cellstr(tday1));
% the last column contains the adjusted close prices.
adjcls1 = num(:, end);
% read a spreadsheet named "GDX.xls" into MATLAB.
[num, txt] = xlsread('GDX');
% the first column (starting from the second row) is
% the trading days in format mm/dd/yyyy.
tday2 = txt(2:end, 1);
% convert the format into yyyymmdd.
tday2 = ...
datestr(datenum(tday2, 'mm/dd/yyyy'), 'yyyymmdd');
```

```
% convert the date strings first into cell arrays and
% then into numeric format.
tday2 = str2double(cellstr(tday2));


% the last column contains the adjusted close prices.
adjcls2 = num(:, end);


% find the intersection of the two data sets,
% and sort them in ascending order
[tday, idx1, idx2] = intersect(tday1, tday2);
cl1 = adjcls1(idx1);
   cl2 = adjcls2(idx2);


trainset = 1:252; % define indices for training set


% define indices for test set
testset = trainset(end)+1:length(tday);
% determines the hedge ratio on the trainset
% use regression function
results = ols(cl1(trainset), cl2(trainset));
hedgeRatio = results.beta;


% spread = GLD - hedgeRatio*GDX
spread = cl1-hedgeRatio*cl2;
```

```
plot(spread(trainset));

figure;

plot(spread(testset));

figure;

% mean of spread on trainset
spreadMean = mean(spread(trainset));
% standard deviation of spread on trainset
spreadStd = std(spread(trainset));
% z-score of spread
zscore = (spread - spreadMean)./spreadStd;
% buy spread when its value drops below 2 standard
deviations.
longs = zscore <= -2;

% short spread when its value rises above 2 standard
deviations.
shorts = zscore >= 2;
% exit any spread position when its value is within 1
% standard deviation of its mean.
exits = abs(zscore) <= 1;
% initialize positions array
```

```
positions = NaN(length(tday), 2);

% long entries
positions(shorts, :) = ...
repmat([-1 1], [length(find(shorts)) 1]);
% short entries
positions(longs, :) = repmat([1 -1],
[length(find(longs)) 1]);
% exit positions
positions(exits, :) = zeros(length(find(exits)), 2);
% ensure existing positions are carried forward
unless there is an exit signal positions =
fillMissingData(positions);
cl = [cl1 cl2]; % combine the 2 price series
dailyret = (cl - lag1(cl))./lag1(cl);

pnl = sum(lag1(positions).*dailyret, 2);

% the Sharpe ratio on the training
set should be about 2.3
sharpeTrainset = ...
sqrt(252)*mean(pnl(trainset(2:end))).
/std(pnl(trainset(2:end)))

% the Sharpe ratio on the test set should be about 1.5
```

```
sharpeTestset = sqrt(252)*mean(pnl(testset)).
/std(pnl(testset))
plot(cumsum(pnl(testset)));
% save positions file for checking look-ahead bias.
save example3-6-positions positions;
```

在文件 lag1.m 中：

```
function y = lag1(x)
% y = lag(x)
if (isnumeric(x))
    % populate the first entry with NaN
y = [NaN(1,size(x,2));x(1:end-1, :)];elseif (ischar(x))
    % populate the first entry with "
y = [repmat(",[1 size(x,2)]);x(1:end-1, :)];else
    error('Can only be numeric or char array');
end
```

从检验结果来看，这个配对交易无论是在训练集还是在测试集，都有不错的夏普比率。但是，这个策略仍然有提升的空间。我们如果将策略的入场条件从原来的条件改变成 1 倍标准差，然后将出场条件改变成 0.5 倍标准差。那么在这种情况下，训练集的夏普比率将达到 2.9，而测试集的夏普比率也将达到 2.1。很明显，这样的进场和出场条件会更好。

然而，通常情况下，优化训练集的参数会降低策略在测试集上的表现。在这种情况下，你需要选择一组参数，可以使得策略的结果在训练集和测试集上都表现得不错（但是也可能在任一个数据集上都不是最好的）。

我在测试过程中没有加入交易成本（这方面我会在下一部分讨论）。你可以自己加入，作为一次练习。因为这个策略的交易频率不是很高，交易成本不会对策略的夏普比率造成太大影响。

如果想理解为什么这个策略会有效果，读者可以去看一下图 7.4 中的 GLD 和 GDX 的价差曲线，这部分内容会在第七章关于时间序列的平稳性和协整性的讨论中详细介绍。你可以从图中看到，价差曲线存在很强的均值回归特性。因此，买低卖高是可以反复实现的。

最后一个需要注意的地方是，我们需要进行最后的检查，来确保这个策略真正可行：我们需要检查回测程序中是否存在未来数据偏差。在MATLAB 代码 "cl2 = adjcls2(idx2);" 之后加入这一部分新的代码。

```
% number of most recent trading days to cut off
cutoff=60;% remove the last cutoff number of days.
tday(end-cutoff+1:end, :) = [];
cl1(end-cutoff+1:end, :) = [];
cl2(end-cutoff+1:end, :) = [];
```

在之前的 MATLAB 程序的最末尾，加上下列代码，取代 "save example3_6_positions positions" 这行。

```
% step two of look-forward-bias check
oldoutput = load('example3-6-positions');
oldoutput.positions(end-cutoff+1:end, :) = [];
if (any(positions ~= oldoutput.positions))
    fprintf(1, 'Program has look-forward-bias!\n');
end
```

　　保存新的程序为"example3_6_1.m"，并运行。你可以看到语句"Program has look-forward-bias"，即程序中含有未来数据偏误，没有被打印出来，说明这个程序通过了我们的检验。

敏感性分析

　　在你最优化了参数以及模型的一些决策特性，并且在测试集中检测了策略表现，策略的表现也很合理之后，下一步你需要改变这些参数，或者对模型的一些特性做一些小的定性的改变，来看看策略的表现在训练集上和测试集上将如何改变。如果改变后，除了最优参数，其他的任何参数都会使得策略的表现变得完全无法接受，那么这个模型就很可能受到了数据过拟合偏差的影响。

　　对模型的一些改变是非常值得去做的，尤其是一些能够简化模型的改变。你是否真的需要，比如说，五个不同的条件，来决定是否进行一笔交易？如果你一个接一个地减少条件——到什么时候，训练集上的策略表现会变得无法接受？而且更重要的是：在你减少条件的过程中，测试集上策略的相应表现，是否也在变差？一般来说，在策略的测试集表现没有显著下降的前提下，你需要尽可能地去减少策略的条件、限制和参数，即使这会导致策略在训练集的表现变差。（但是你不应该增加条件或者参数，或者修改参数值，以此来提高策略在测试集上的表现。如果你这样做，你实际上就将你的测试集用做了新的训练集，因此很可能重新将数据过拟合偏差引入到模型当中。）

　　当你将模型中触发交易的参数和条件减到尽可能少的程度，并且你可以确定策略的这些参数和条件如果发生小的改变，也不会显著地改变策略的样本外表现之后，你需要考虑如何将策略使用的资金分配到不同的参数组合和条件组合当中。这种对于参数预测结果的平均化，会进一步帮助你保证实盘交易的表现，使你策略的实盘交易结果不会和历史回测结果偏差太大。

在回测中计入交易成本

在没有加入交易成本的情况下，任何回测结果都是不准确的。我在第二章中讨论了不同种类的交易成本（手续费、流动性成本、机会成本、市场冲击和滑点），并且给出了一个如何在回测中考虑交易成本的案例。案例中的策略，在加入交易成本之前，拥有非常高的夏普比率，但是在加入交易成本后，就会亏很多钱。你对这样的情况应该不感到意外。我会在案例3.7 中展示这个问题。

案例 3.7：一个简单的均值回归交易模型——在有交易成本和无交易成本条件下进行分析

在这个案例中，我们将分析一个简单的均值回归交易模型，该模型的概念由 MIT 的阿米尔·汉丹尼（Amir Khandani）和罗闻全（Andrew Lo）提出。这个策略非常简单：买入前一交易日表现最差的几只股票，同时卖出前一交易日表现最好的几只股票。虽然这个策略非常简单，但是这个策略从 1995 年开始，如果不考虑手续费用的话，业绩表现却非常好（这个策略在 2006 年的夏普比率是 4.47）。使用这个案例的目的是想测试，如果我们假设存在一个标准的 5 个基点（万分之五）的交易成本，那么这个成本会对策略在 2006 年的表现造成什么样的影响。（我们假设的交易成本是买一次或者卖一次的成本，而不是一个买卖来回的成本。）这个案例策略不仅可以帮助我们理解交易成本对策略的影响，也可以用来展示 MATLAB 是如何高效地去执行涉及交易多只股票的交易策略的回测过程的——换句话说，这是一个典型的统计套利策略。对涉及交易大量的不同股票、横跨不同交易年份的交易模型，使用 Excel 进行回测通常是非常笨拙的。但是如果你打算使用 MATLAB，你也同样面临着如何获取数百只股票的历史数据这样的问题，特别是没有幸存者偏差的数据。这里，我们先不要考虑幸存者偏差的问题，因为免除幸存者偏差的数据非常昂贵，我们只需要铭记"我们回测所得到的策略结果，仅仅是策略实际能得到的最好的表现"就可以了。

当你希望回测一个选股策略的时候，第一个要考虑的问题是：我们的选股池是什么？最简单的选股池是标准普尔 500 指数成分股，这些股票一般是所有股票中流动性最好的。你可以从标准普尔的网站下载现在的标准普尔 500 指数成分股。因为这个股票池的成分股是始终变化的，你下载的清单可能会和我在书中使用的清单有所不同。为了更好地进行比较，你可以下载我保存下来的，用于本案例的清单（见我的网站）。最简单的下载所有股票历史数据的方法，是购买一个 HQuote Pro 软件。（在本章前面部分讲过，可以从 HQuote 网站下载。）这个软件可以很方便地帮助你通过剪切、粘贴的方式，选择你需要的股票清单。然后对你的股票清单运行更新功能，这个软件会从 2000 年 1 月 1 日开始获取数据，直到今天。然后可以将这个数据保存成一个单独的文件，叫作 "Export.txt"，只选择日期、开盘价、最高价、最低价、收盘价、成交量（Date、Open、High、Low、Close、Volume）列，不保留表头。现在，使用下面的 MATLAB 程序去预处理这些数据，形成适于计算的数据格式，并保存到一个二进制文件 "SPX_20071123.mat" 当中，存在你的本地文件夹。

```
clear;

inputFile='Export.txt';
outputFile='SPX 20071123';

[mysym, mytday, myop, myhi, mylo, mycl, myvol] = ...
textread(inputFile, '%s %u %f %f %f %f %u', ...
```

'delimiter', ',');

% Since the single file consists of many symbols,
% we need to find the unique set of symbols.
stocks = unique(mysym);
% Since the single file consists of many repeating set
% of dates for different symbols, we need to find the
% unique set of dates.
tday = unique(mytday);

op = NaN(length(tday), length(stocks));
hi = NaN(length(tday), length(stocks));
lo = NaN(length(tday), length(stocks));
cl = NaN(length(tday), length(stocks));
vol = NaN(length(tday), length(stocks));

for s = 1:length(stocks)
    stk = stocks{s};

    % find the locations (indices) of the data with
    % the current symbol.
idxA = strmatch(stk, mysym, 'exact');% find the
    locations (indices) of the data with
% the current set of dates.
    [foo, idxtA, idxtB] = intersect(mytday(idxA), tday);

```
% Extract the set of prices for the current symbol
% from the downloaded data.
op(idxtB, s) = myop(idxA(idxtA));
hi(idxtB, s) = myhi(idxA(idxtA));
lo(idxtB, s) = mylo(idxA(idxtA));
cl(idxtB, s) = mycl(idxA(idxtA));
vol(idxtB, s) = myvol(idxA(idxtA));
end
save(outputFile, 'tday', 'stocks', 'op', 'hi', ...
'lo', 'cl', 'vol');
```

下面，我们可以用这些历史数据来进行不考虑交易成本的均值回归策略的历史回测。

```
clear;

startDate = 20060101;
endDate = 20061231;

load('SPX 20071123', 'tday', 'stocks', 'cl');

% daily returns
dailyret = (cl-lag1(cl))./lag1(cl);
% equal weighted market index return
marketDailyret = smartmean(dailyret, 2);
```

```
% weight of a stock is proportional to the negative
% distance to the market index.
weights = ...
-(dailyret-repmat(marketDailyret,[1 size(dailyret,2)]))./
repmat(smartsum(isfinite(cl), 2), ...
[1 size(dailyret, 2)]);


% those stocks that do not have valid prices or
% daily returns are excluded.
weights(~isfinite(cl) | ~isfinite(lag1(cl))) = 0;
dailypnl = smartsum(lag1(weights).*dailyret, 2);


% remove pnl outside of our dates of interest
dailypnl(tday < startDate | tday > endDate) = [];
% Sharpe ratio should be about 0.25
sharpe = ...
sqrt(252)*smartmean(dailypnl, 1)/smartstd(dailypnl, 1)
```

注意，这个策略在 2006 年的夏普比率是 0.25，和原始提出者阐述的 4.47 不同。策略表现比原来声称的差如此多的原因是，我们使用的选股池是标准普尔 500 成分股，这些都是大市值股票。如果你阅读策略提出者的原始文章，你会发现这个策略的大部分收益来自于小市值股票和中等市值股票。

在 MATLAB 程序中，我们使用了三个新的函数 "smart-sum" "smartmean" 和 "smartstd"。这些函数和常用的 "sum" "mean" 和 "std" 函数相似，但是新的函数可以剔除所有的无效数据点（NaN）。这些函数在回测当中是非常有用的，因为多股票的价格序列经常会在不同的时间点开始和中断。这些函数文件都可以在我的网站上找到。

```
function y = smartsum(x, dim)
%y = smartsum(x, dim)
%Sum along dimension dim, ignoring NaN.


hasData = isfinite(x);
x(~hasData) = 0;
y = sum(x,dim);
y(all(~hasData, dim)) = NaN;
```

"smartmean.m"

```
function y = smartmean(x, dim)
% y = smartmean(x, dim)
% Mean value along dimension dim, ignoring NaN.


hasData = isfinite(x);
x(~hasData) = 0;
y = sum(x,dim)./sum(hasData, dim);
y(all(~hasData, dim)) = NaN; % set y to NaN if all entries are NaN's.
```

"smartstd.m"

```
function y = smartstd(x, dim)
%y = smartstd(x, dim)
```

```
% std along dimension dim, ignoring NaN and Inf

hasData = isfinite(x);
    x(~hasData) = 0;
y = std(x);
y(all(~hasData, dim)) = NaN;
```

现在，我们继续回测，这次我们看看如果我们在每次交易的时候，减去 5 个基点的交易费用，会发生什么。

```
% daily pnl with transaction costs deducted
onewaytcost = 0.0005; % assume 5 basis points
% remove weights outside of our dates of interest
weights(tday < startDate | tday > endDate, :) = [];
% transaction costs are only incurred when
% the weights change
dailypnlminustcost = ...
dailypnl - smartsum(abs(weights-lag1(weights)), 2).*
onewaytcost;


% Sharpe ratio should be about -3.19
sharpeminustcost = ...
sqrt(252)*smartmean(dailypnlminustcost, 1)/...
smartstd(dailypnlminustcost, 1)
```

现在，这个策略是非常亏钱的了。

量化交易策略的改进

如果一个策略在最开始测试的时候，不能显示出很好的历史回测表现，那么这里有一些常见的方法来对策略进行改良。在不引入数据过拟合偏差并保持策略依然简单地仅使用几个函数的前提下，对策略进行改良，与其说是科学，不如说是艺术。这里的指导原则和参数最优化一样：你所有基于训练集进行的策略改进工作，其改进结果也应当对测试集有效。

通常情况下，有一些简单的策略在交易员圈子里是众所周知的，且然其赢利能力在减弱，但还是可以或多或少赚一些钱。其中一个案例就是股票的统计套利交易。这个策略的赢利能力减弱的原因，是因为太多的交易员在利用这样的套利机会，因此逐渐缩小了每次交易能获利的幅度。然而，你通常可以通过将基础策略做一些小的改变，从而增加策略的赢利能力。

知道这些小的改变的人往往比了解基础策略的人更少，因此，与基础策略相比，改变后的策略被交易者利用的程度会少很多。有时候，这些改动包括从特定的股票池当中排除特定的股票类别。比如，交易者往往喜欢将制药类股票排除在他们的技术分析策略股票池之外，因为这类股票的价格会受到新闻的重大影响。交易员也会移除一些存在未完成的合并或收购交易的股票。另外一些交易者会改变策略进出场的时间选择，或者交易的频率。其他的改变还包括股票池的选择。我们可以看到，案例3.7在针对小市值股票的时候，有非常好的表现，但是在交易大市值股票的时候就不怎么赚钱了。

在你给自己的策略引入这些改良的时候，指导改良的原则最好有一些基础理论的支持，比如有基本的计量经济学证明，或者反映了经过研究的市场现象，而不是一些基于试错的模棱两可的规则。否则，数据过拟合偏差就会出现。

案例 3.8：对现有策略进行小的改动

让我们对案例 3.7 中的均值回归策略进行改良。这个策略在 2006 年只有一个非常一般的夏普比率 0.25，如果加入交易成本，就会亏很多钱，夏普比率会降到 -3.19。现在，我们只做一个改变，就是将改变仓位的时间从每天的收盘改到开盘。在 MATLAB 中，只需要将所有的"cl"改成"op"就可以了。

令人意想不到的是，在不考虑交易费用时，该策略的夏普比率提高到了 4.43，在考虑交易费用后，该策略的夏普比率也提高到了 0.78！读者可以将这个策略在标准普尔 400 中等市值股票和标准普尔 600 小市值股票选股池上进行测试，来提高策略的夏普比率。我将这个内容留作读者的练习。

本章小结

历史回测的目的在于进行一个现实的历史模拟，以便了解策略的历史表现。我们希望策略未来的表现可以和历史表现保持一致。尽管你的投资经理不会费力地告诉你这一点，但是历史业绩可以决定未来业绩的假设是不一定成立的。

在进行符合现实的历史回测过程中，有很多细节需要考虑，从而可以减少未来策略表现与回测策略表现的差异。常见的问题包括以下几个。

- 数据：拆股 / 分红调整、日数据最高价 / 最低价中的噪声，以及幸存者偏差。
- 策略表现度量：年化夏普比率和最大回撤。
- 未来数据偏差：使用实际交易不可获取的未来数据，来进行之前的交易决策。

- 数据过拟合偏差：使用过多的参数来拟合历史数据，可以通过使用足够大的样本、样本外测试以及敏感性测试来避免。
- 交易成本：交易成本对于策略表现的影响。
- 策略改良：通过一些常见的方法对策略进行小的改动，来最优化策略表现。

在读完本章并根据案例和练习进行操作后，你应当可以获得一些实际操作上的经验，懂得如何获取历史数据，并在 Excel 或者 MATLAB 中进行历史回测。

在你开始检查一个策略的时候，可能由于时间有限或者其他原因，无法完全避免上面提到的这些小问题。在这种情况下，跳过一些需要关注的问题，先快速了解一下一个策略是不是有潜力，再来进行更细致的检查，也是可以的。有时候，即使是最全面和仔细的历史检查，也不一定能够暴露所有潜在的问题，而在进行了几个月模拟或者实盘交易之后，这些问题就会很明显了。一个人可以在策略实盘运行之后，再反复研究这些问题。

一旦你在回测中获得了一个有合理历史表现的策略，那么现在你就可以进入下一步，来创建你的交易系统了。

第四章

量化交易的硬件准备

在本章，我们可以从对交易技术相关内容的学习任务当中休息一下，来多了解一下交易这个行业在业务层面上的问题。假设你的目标是成为一个个人独立交易者，而并不是为一个资产管理机构工作，那么你选择如何开展交易业务就是非常重要的。你的主要选择是，开一个独立交易账户，还是加入一个自营交易公司。在决定开户种类之后，下一步，你还需要确定，交易商或者交易公司的哪些特质对你是比较重要的。最后，你还需要决定，哪些交易设备硬件是你需要的，以便于执行你的量化交易策略。

开设个人独立交易账户还是自营交易公司账户

作为一个交易员，你可以选择完全独立或者半独立。如果要完全独立，你可以简单地开设一个个人独立交易账户，存入一些现金，并开始交易。没有人会质疑你的策略，但是也没有人会对你的交易情况进行指导。另外，你能使用的杠杆，会受到美国证券交易委员会的"管理规则T"限制，如果你持有隔夜头寸，那么你最多能够持有你账户权益两倍的杠杆。当然，你获取的所有利润和产生的所有损失，都由你自己负责。

然而，你也可以选择加入自营交易公司，比如 Bright Trading、ECHOtrade

或者 Genesis Securities，并成为这个公司的一个成员。为了成为这些公司的一员，你需要通过美国国家证券交易商协会（the National Association of Securities Dealers，NASD）的"系列 7"考试，以确保你有资格成为一个交易商的注册成员。你仍然需要投入你的自有资金，来开设一个交易账户，但是你可以获取到比个人独立交易账户更大的杠杆（或者说是"购买力"）。依据你投入资金的规模，你可以获取到你的全部利润，或者利润的一部分。至于你的损失上限，你最多可以损失掉你全部初始投入的资金。（实际上，开设个人独立交易账户，你的最大损失同样是有限的，因为你可以成立一个 S 类公司，或者有限责任公司，然后通过这些实体，在交易公司开设账户。）通常，你也可以从这些公司获取到培训机会，当然这可能会需要支付额外的费用。除了美国证券交易委员会以及国家证券交易商协会本身的规则之外，加入自营交易公司，你也需要遵循这些自营交易公司对其成员施加的额外规则和规定。

从我的描述中看，似乎自营交易公司施加的规则和规定对你来说是不好的事情。但是实际上，其中一些规则（比如禁止交易价格超低的股票，或者禁止持有隔夜空头）是对你的有效保护，也是对你有利的风险管理方法。通常，在市场一切正常的时候，交易员会抱怨这些限制不利于他们的灵活性和赢利能力。他们甚至决定开设自己的零售交易账户，开始自己交易。然而，当他们遭受了巨大的资金回撤之后（这几乎不可避免），他们又开始希望有人可以帮助他们限制风险，为他们自己之前的不受约束的自由而感到后悔。（我们内心深处，实际上都还是不成熟的孩子。）

是自己开设独立的账户，还是加入一个自营交易公司，这个决定一般需要基于你对资金的需求程度、你策略的风格，以及你的交易能力水平来判断。比如，如果你运行一个低风险市场中性的策略，因此需要使用比规则 T 允许的杠杆高很多的杠杆水平，才可以产生足够好的回报，那么去自营交易公司开设账户可能是更好的选择。然而，如果你从事高频期货交易——不需要太大资金就可以进行的交易，那么开设一个独立账户，会省掉你很多的成本和麻烦事。同样，一个有足够强的风险管理能力和情绪稳定性的有经验的交易员，不需要自营交易公司提供的指导，而那些没有经验的交易员，就会从自营交易公司添加的限制当中获益。

对于一些发现了独特的、高度赢利策略的交易者，他们需要额外考虑一些问题。在这种情况下，他们可能会更倾向于开设一个独立交易账户，因为如果你通过一个自营交易账户交易，你的自营交易公司很可能会发现你的高度赢利的策略，因此会让你的策略"驮着"大量的其自有的资金。在这种情况下，你的策略会随着时间发展而遭受更大的市场冲击。

表 4.1 总结了这两种选择的种种好处和坏处。

表 4.1　零售交易账户和自营交易公司账户的比较

问题	个人独立交易账户	自营交易公司账户
开设账户的法律要求	无	需要通过美国证券交易商协会的"系列 7"考试，并遵守其他的由国家证券交易商协会施加的限制
初始的资金需求	需要足够的初始资金	较少
可获得的杠杆和购买力	由美国证券交易委员会的规则 T 决定。一般隔夜最多 2 倍杠杆，日内最多 4 倍杠杆	由自营交易公司决定。对于日内头寸和对冲头寸，杠杆可以高达 20 倍，甚至更多
对于损失的责任	无限，除非你通过 S 型公司或者有限责任公司开设账户	仅限于你初期投入的资金
交易手续费和其他费用	较低的手续费（可能每股低于 0.5 美分）和少量的月度数据费用	更高的手续费和较高的月度数据费
中介公司的破产风险	没有风险。账户由证券投资者保护公司（Securities Investor Protection Corporation，SIPC）提供保险	有一定风险，账户没有被保险
培训、导师和指导	没有	可能提供这样的服务，有时候收费

（续表）

问题	个人独立交易账户	自营交易公司账户
交易风格限制	没有限制，只要在美国证券交易委员会允许的范围内	可能有限制，比如限制持有隔夜空头
风险管理	大部分由自己管理	由公司经理施加覆盖更广泛的风险管理标准

最后要注意的是：一些人会觉得加入自营交易公司可能会有税收上的好处，因为任何交易损失都可以从交易盈利中扣除，作为资本损失来抵税。但实际上，如果你开设个人独立交易账户，你也可以申请交易员税收待遇，这样你的交易损失也可以抵消你其他的收入，而且不仅仅是资本利得。

选择交易商或者自营交易公司的标准

很多交易员只使用一个标准来选择他们的交易商或者自营交易公司：交易手续费。交易手续费显然是一个重要的考虑选项，因为如果交易策略的回报很低，较高的手续费用会使得策略亏损。然而，在选择过程中，也有其他很重要的考虑因素。

交易手续费实际上只是你全部交易成本的一部分，有时候甚至是较少的一部分。你的交易商的订单执行速度，以及他们对于所谓的"暗池"的流动性的使用权限，同样会影响你的交易成本。暗池流动性由专业金融机构进行撮合成交，而不是在交易所内成交。或者，流动性也可以来自于交易商的内部的客户订单撮合机制。这些订单，不会以买入申报或者卖出申报显示出来。可以提供暗池流动性的"另类交易撮合系统"有 Liquidnet 和 ITG 的 Posit 等。你的交易商可能会使用这些撮合系统中的一个或者多个，他们也可能只使用内部撮合网络，或者根本不使用任何另类交易撮合系统。

有些时候，因为大的交易商有最先进的交易执行系统，以及可以高速接入流动性更好的暗池的能力，所以你会获得更好的执行价格。以更好的价格成交，可以弥补这些公司收取的更高的交易手续费。对这些关于订单成交的成本／收益，你没办法简单地做出分析，因为只有你实际在不同的交易商那里同时进行交易，才可以横向比较实际的交易成本。

比如，你通过高盛（Goldman Sachs）的 REDIPlus 交易平台进行交易，它的 Sigma X 交易执行引擎会在将订单报送到内部撮合网络的同时，也将订单报送到外部流动性提供商那里。我发现这个平台通常可以改良我的交易成交价格。与盈透证券（Interactive Brokers）相比，高盛的交易系统，可以每股改良几个美分的成交价格：这个改良，足够支付高盛收取的较高的交易手续费了。

另外一个你需要考虑的事情是，你可以交易的金融工具的范围。大部分个人独立交易账户和自营交易公司不允许你交易期货或者外汇。这会对你的交易业务的发展产生比较大的限制。

在考虑了以上这两个比较常见的问题之后，对于一个量化交易者，下一个重要的考虑事项就是：这个交易平台是否提供应用编程接口（application programming interface, API），这样你的交易软件就可以获取实时的行情数据，产生交易订单，然后自动传递订单，从而执行策略。我会在第五章更详细地讨论 API 相关的内容。这里唯一需要注意的是，如果没有API，高频率的量化交易策略是没办法实现的。

与 API 高度相关的另外一个问题是：你是否可以获得模拟交易账户？如果交易商不能提供模拟交易账户，那么测试 API 就非常困难，除非你愿意冒着产生实际亏损的风险，在实盘交易中进行测试。在我知道的交易商中，可以提供模拟交易账户的有盈透证券、Genesis Securities、PFG Futures（适用于期货交易）和 Oanda（适用于外汇交易）。

　　除了模拟交易账户，一些交易商也提供"模拟环境"账户（比如盈透证券提供的展示账户）。在模拟环境账户中，历史的交易信息会被不断报送给你，就好像是实时交易信息一样，你可以让你的自动化交易程序在全天的任何时间根据这些交易信息进行交易，以方便你检测程序中是否存在错误。

　　最后，自营交易公司的名声和财务能力，也是你需要考虑的重要方面。在选择个人独立交易账户的时候，这点没那么重要，因为就像在表 4.1 中记录的，个人独立交易账户接受证券交易者保护公司的保险，但是自营交易公司却没有这方面的保护。因此，选择一家具有良好财务状况和良好风险管理规则的自营交易公司是十分重要的，因为这可以避免因为其他交易员不好的交易而导致这家公司破产。（WorldCom 和 Refco 的破产就是很典型的案例。）你应该确认这家公司是一个中介交易商，并在交易所注册，因此这家公司会受到交易所和美国证券交易委员会的双重监管。（在写本书的时候，那些不是中介交易商的自营交易公司，应该都被美国证券交易委员会要求关门了，从 2008 年 3 月的 Tuco Trading 开始。）进一步说，即使市场的环境很好，交易公司也运行得很顺利，但是在你想赎回自己投入的资金时，你是否可以很轻易地完成赎回操作呢？当然，对于一个外部人，你是很难评估一个自营交易公司是否有这样好的特质的，但是你可以通过浏览一些在线论坛上面的该交易公司现在或者之前的会员的评论，来了解这家公司在这方面的名声。

　　如果你对开设一个独立交易账户还是开设一个自营交易账户犹豫不决，或者想不清楚选择哪家零售交易公司或者自营交易公司，你实际上可以两者都选，或者开设多个账户。不像在自营交易公司寻求全职工作，作为一个会员加入他们，特别是远程登录会员，通常并不需要你去签署一个非竞争协议。你可以自由地选择成为多家自营交易公司的会员，或者同时开设自营交易和独立交易账户，只要你将该信息完全披露给相关的自营交易公司，以及作为"外部业务活动（outside business activities）"披露给美国证券交易商协会，并提前获得其同意。当你有多个交易账户的时候，你可以很容易地决定，什么样的费用结构对你是更有利的，哪些账户有更好的基础设施和工具，以便于你运行自动化的交易系统。同样，实际上每个账户都有其优点和缺点，你可能会觉得不如同时使用所有的账户，在每个账户上进行相应合适的、不同的交易策略。

量化交易所需的硬件基础设施

看完之前的部分，现在假设你已经在法律和管理方面搭建好了你的交易业务，下面你就需要考虑你做交易的硬件设施了。这方面的需求，对独立和自营交易员都适用：很多自营交易公司允许其会员远程在家交易。如果你是一个自营交易员，并且很少需要你的账户经理为你提供教练服务，有自信可以搭建好进行交易的全部硬件设施，那么你没有理由不进行远程交易。

在你的生意开始的阶段，硬件设施可以是很简单和轻便的。你可以在你的家庭办公室中，准备好所有的组件：一台性能不错的个人电脑（任何新的具备双核处理器的电脑都可以），一个高速（数字电话线路或者光纤）的互联网连接设备，以及一个可能不太被大多数人了解的组件——一个无中断电源（Uninterruptible Power Supply，UPS）。有了无中断电源，你的电脑就不会由于电力波动而在交易期间突然关机。这些初始的投资需求，应该最多不会超过几千美元。

一些交易者会觉得，打开电视播放 CNBC 或者 CNN 的财经新闻直播，可能是个好的主意。这当然没什么问题，不过很多专业的量化交易员已经发觉，这其实没太大的必要，只要你订阅了一些其他的专业实时新闻推送服务，比如汤森路透、道琼斯或者彭博，就足够了。彭博终端机每个月要花费使用者大概 2000 美元，而汤森路透和道琼斯提供的一些服务，每月却只需要大概 100 美元到 200 美元（尽管一些服务需要整年购买）。彭博同样提供免费的互联网电视服务，会公布一些重大的商业新闻和关于这些新闻的评论。同样，你可以不在你的办公室里面安装电视，而是订阅 CNBC Plus 这样的可以在你的电脑上播放的网络直播资讯服务。当然，更多的实时信息并不一定会产生更多赢利的交易。比如，美盛集团（Legg Mason）的迈克尔·孟保兴（Michael Mauboussin）发现，马术比赛的障碍赛裁判在给马进行排名评定时，获得的信息越多，裁判预测的结果就越不准确。（见《经济学人》，2007a，或者 Oldfield，2007。）

随着你的交易业务发展壮大，你可能需要逐步升级你的硬件设施。你可能需要购买速度更快的电脑。在我写本书的时候，一个装有四核 CPU 的电脑就是十分高端的了。当然，当你读到这本书的时候，装有八核甚至是更好的 CPU 的个人电脑可能早就很普遍了。

你肯定也会想买入多个显示器，来接入同一台电脑，使自己有更大的屏幕空间来监控不同的交易应用程序和投资组合。你可能也需要升级你的网络连接到 T1 线路。就像我在第二章提到的，任何你的交易订单传输到你的交易商的延迟都会导致滑点，在实际交易中，滑点可以和利润损失画等号。在快速波动的市场中，每个毫秒都至关重要，升级你的网络连接速度吧，你会很快得到切实的回报。

在你完整地检测了你的策略，并发现策略在实际运行中的表现也非常好之后，下一步你就该扩大你的交易规模并考虑"业务持续发展计划"了。这种硬件上的升级，可以确保你的策略在异常的家庭环境问题下，比如网络连接中断、电力中断、水灾等，保持稳定。你可以在一个由托管商管理的远程服务器上安装交易程序；实际上，你甚至可以将你自己的、装有你开发的交易程序的电脑存放在托管商的公司。（将你的程序托管，或者托管你的电脑，每月一般要花费数百甚至上千美元。）你可以通过一些常见的远程电脑登录工具，比如 GotoMyPC（大概花费 15 美元），来远程监控、管理和更新你在服务器上运行的交易程序，而远程服务器会直接将交易订单发送给你的交易商。这种设置的好处不仅仅是你的交易几乎不会存在无法正常运行的情况，而且你在这些托管公司的网络连接速度也一般比你家里面或者办公室的网络连接速度快。实际上，对于一些超高频交易的应用，将你的电脑放在与你需要进行交易的交易所最近的互联网主线上，是非常有利的。只需要用搜索引擎搜索"服务器托管"或者"托管服务器"，你就可以发现很多提供这种服务的托管公司。

本章小结

本章内容的关注点是，如何将你的研究阶段的成果和你交易执行阶段的实际业务需求连接起来，在这个过程中你需要做哪些决定，又需要经过哪些步骤。我在本章讲述了选择个人独立交易账户和自营交易公司的好处和坏处，以及在选择过程中，需要考虑的问题。

从最基本的特征来说，个人独立交易账户可以给你完全的独立性和更好的资金保护，但是你能获得的资金杠杆更小；而自营交易公司的自由度和资金保护更少，但是可以获取到更高的杠杆。选择一个合适的个人独立交易账户公司是比较容易的。你一般在一个月之内，就可以比较研究出一个合适的公司，并在那里开设好账户。到目前为止，我开设独立交易账户之后，并没有发现什么值得更换独立账户交易公司的理由。但是你需要花更多的精力，才可以找到一个适合的自营交易公司，因为你需要签署很多合同，通过必要的考试。我花了好几个月的时间，才开设了一个自营交易公司的账户。

当然，你可以选择同时开设独立交易账户和自营交易公司的账户，根据每个账户的不同特性，制定不同的策略。通过这种方式，你也可以很轻松地比较不同方式的交易执行速度，以及流动性深度。

除了你需要选择是开设独立交易账户还是加入自营交易公司之外，你可能还需要确保他们的交易账户和交易系统有以下的功能。

- 相对低的手续费。
- 可以交易一定品种的不同的金融工具。
- 可以获取到足够深的流动性。
- 最重要的是，支持实时行情 API 和订单传递 API。

我也讲了如何逐步搭建一个可以支持交易业务的硬件设施环境。一个交易员常用的硬件设施如下。

- 装有双核或者四核 CPU 的电脑。
- 高速网络连接服务设施（比如光纤、DSL 或者 T1 网络）。
- 无中断电源。
- 实时数据和新闻源，以及订阅金融新闻电视频道。
- 电脑托管服务。

搭建交易相关的硬件设施实际上是非常简单的，因为最开始，你很可能已经在你的家庭办公室里面配有所有的基本组件了。我觉得只要投入数千美元，你就已经可以交易百万美元级别的投资组合了，而每月的运营开销也只有几百美元。但是如果你希望提高你的交易资金规模，或者提高你的交易回报，那么额外的投资是必要的。

当你考虑了以上的步骤，并且采取行动之后，你就可以创建一个自动化的交易系统来执行你的交易策略了。这部分内容，我们会在下一章讨论。

第五章

量化交易的执行系统

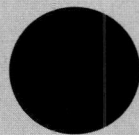

现在，你应该已经回测到了一个好的交易策略（可能是一个如案例 3.6 给出的配对交易策略），选择好了一个交易商（比如盈透证券），并且搭建好了一个好的交易运营环境（最初，可能就是一台电脑、一个高速网络连接服务设备，以及实时的新闻推送服务）。你现在基本已经做好了执行你的交易策略的准备。最后，你只需要搭建一个自动化交易系统（automated trading system，ATS）来生成和传输你的交易订单给你的交易商，就万事大吉了。在这一章中，我们将讨论如何搭建一个这样的自动化交易系统，如何缩减你的交易成本，以及如何减少策略实际表现与你的回测预测间的差异。

一个自动化交易系统可以为你做什么

一个自动化交易系统可以帮助你从你的交易商或者其他数据提供商那里获取最新的市场行情数据，运行一个交易算法，将上述信息转化成目标订单，并将这些订单传递到你的交易商，让交易商帮你执行这些订单。有时候，这些步骤可以完全自动化，并由你的电脑中的应用程序执行。其他情况下，这些步骤中的一部分是自动化的，你将需要做一些手工的步骤，来完成你的整个交易过程。

一个完全自动化的系统的优势在于，它可以最小化你的交易错误和延迟。对于某些高频的交易系统，是必须要完全自动化执行的，因为人的干预引起的延时，可以严重影响交易的最终表现。然而，一个完全自动化的交易系统同时也是非常复杂的，需要花一笔昂贵的费用去搭建。开发一个这样的系统，通常需要雇用一些专业的、掌握高性能的编程语言（诸如Java、C# 或者 C++）的程序员，来编写连接你的交易商提供的 API 的程序。

对于低频量化交易策略，你可以选择半自动化执行：你可以通过诸如 Excel 或者 MATLAB 这类的软件来产生交易订单，然后将这些订单通过你的交易商提供的一些内含附加功能——比如篮子交易功能或者配对交易功能，来下达订单。如果你的交易商可以提供连接 Excel 的动态数据交换（dynamic data exchange，DDE）服务，你同样可以在 Excel 表格附加的宏编程里面写宏程序，以实现通过简单的运行宏，就可以实现下达交易订单这样的功能。这样，你就不需要使用复杂的编程语言来搭建一个全新的应用。然而，这也意味着你需要进行很多的手工操作才能下达你的交易订单。

无论你是搭建了一个半自动的交易系统，还是一个全自动的交易系统，有时候，你都需要输入一些你的交易商或者数据服务商提供给你的数据之外的数据。比如，公司的盈利预测以及分红数据，通常并不会被包含在实时行情数据中。一般你可以从很多网站免费获取这些非价格数据，但是这些数据通常是以 HTML 格式存储的，并不能直接使用。因此，一个自动化交易系统也需要能够读取这样的网页内容，通过文字处理将这些信息转化成表格的形式，提供给你的交易策略使用。这样的网页获取和文字信息读取程序，可以直接在 MATLAB 中实现（见第三章中的案例 3.1），或者使用其他的脚本语言也可以实现，比如使用 Perl。

我会在之后的内容中讨论两种不同的自动化交易系统涉及的一些细节。我也会讨论，如果你需要雇用别人帮助你自动化执行你的交易策略，你需要怎样找到一个量化交易顾问。

搭建一个半自动的交易执行系统

在一个半自动化的交易系统中（见图 5.1），使用者一般会使用常见并且易用的软件，比如 Excel 或者 MATLAB，来生成一个订单列表。通常，这个软件可以用与历史回测软件相同的方式，生成一个订单清单：毕竟你是在执行和你已经回测过的策略一样的量化交易策略。当然，你一定要记得更新输入的数据文件，以反映最新的行情数据。或者你也可以通过 MATLAB，直接从网页中获取相应的数据，或者可以用一个诸如之前提到的 HQuote 这样的单独的软件来获取数据。HQuote 这个软件可以用来下载大量股票的长时间的历史数据。对于 HQuote，MATLAB 仅仅是用来将这些数据组织成合适的格式，以便于交易策略软件来生成订单。

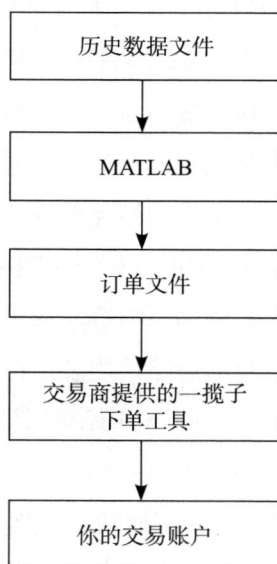

图 5.1　半自动化的交易系统

当你需要的最近行情数据仅仅是前一天的收盘价的时候，数据更新过程是很简单的，但是，理所应当的，更难更新的情况是，你需要最新的日内数据。当你需要最新的市场价格的时候，你的数据提供商或者交易商必须可以提供 DDE 连接这种自动更新 Excel 文件的工具。多数交易商愿意为那些有需求的交易者提供诸如 DDE 连接的服务。盈透证券、Genesis Securities 和高盛的 REDIPlus 都可以提供这样的服务。很多自营交易公司使用以上的其中一家公司作为交易执行通道，因此，你也可以获取这些交易商的全部实时行情数据服务，以及订单报送服务。

DDE 连接其实就是 Excel 表格中的一个输入公式，可以自动地将合适的数据填充到表格当中。不同公司使用的 Excel 公式不同，但是常见的公式看起来会像下面这个样子：

=accountid|LAST!IBM

其中"LAST"代表最新市场成交价信息被订阅了，并且订阅的是 IBM 股票的价格。

为了产生订单，你可以运行一个 Excel 宏程序（使用 Excel 软件中附带的 Visual Basic 程序进行编程），或者使用一个 MATLAB 程序，这些程序可以读入表格中的信息和行情价格，运行交易算法，并将订单写入到另一个文本文档中。该文档中的每一行应填写一个有三项内容的括号（股票名称、方向、数量），比如：

("IBM", "BUY", "100")

上面的括号内容就是可能的一个输出文件的一行。有时候，你的交易商会要求其他的订单信息，比如订单类型是日内有效，还是有效直到撤单（Good Till Cancel）。所有的其他附加信息都会在订单文件中的每一行填写。

在你生成了包含订单清单的文本文件之后，你就可以将文件上传到你的交易商的一揽子交易工具或者配对交易工具里面，并且提交订单。

一揽子交易工具是一个可以让你下达多个不同股票不同交易订单的应用，并且可以一键将订单提交到交易商那里。在配对交易工具中，你可以指明不同的股票交易对或者证券交易对，以及提交这些组合订单时，所需要满足的条件。配对交易工具可以监控实时的价格，并监控这些预设条件，在整个交易日当中，是否被满足。

如果交易商提供的 DDE 连接允许你下单操作，你也同样可以运行 Excel 宏来扫描订单文件，然后一键发出所有的订单到你的交易账户中。

我个人使用的两个交易商，一个是盈透证券，一个是高盛的 REDIPlus，它们都提供了一揽子交易工具和配对交易功能，同时也在交易执行平台当中提供了 DDE 连接，可以获取数据更新，并且可以进行下单。（盈透证券的配对交易功能只可以使用在期货跨期价差合约上。股票的价差合约只能一次设定一个价差配对，通过一个"类组合"的功能实现，尽管无论是期货还是股票，实时监控下单条件的功能都是可以使用的。）

这里提供一个我使用盈透证券一揽子交易功能的案例。每天市场开市之前，我会运行一个 MATLAB 程序，这个程序会获取数据，运行一个交易算法，并产生一个交易订单清单。这个清单会写入一个可能会超过 1000 行的文件（同时交易 1000 多只股票）。之后，我会从我的交易监控屏幕中调出一揽子交易功能，通过一揽子交易功能上传订单文件到我的交易账户，最后一键下单，将我的账户中的订单交付执行。这些订单中的一部分会在开盘的时候成交；其他的订单可能会在之后成交，或者无法成交。在市场收盘之前，我会通过一个按钮将所有未成交的订单撤销。最后，如果我希望对现有的全部持仓进行清仓操作，我也可以在一揽子交易功能中，按另外一个按钮，这样就可以产生相对应的平仓订单。

　　我也使用 REDIPlus 的配对交易功能，来实现诸如案例 3.6 当中的配对交易策略。我们可以不仅仅在市场收盘的时候，而是在整个交易日通过配对交易工具来下单。同样，我会在市场开盘之前，使用 MATLAB 获取市场数据，运行配对交易算法，然后给我的交易标的池中的所有交易标的对输出限价交易指令。（请注意，限价交易指令针对的是交易标的对，而不是单个股票。如果可以直接对个股进行限价交易，那么这个功能就已经可以实现我需要的一揽子下单了，这时配对交易功能就是多余的了。）在这之后，我就可以启动配对交易功能，利用我之前已经定义好的所有交易标的对，基于MATLAB 的输出，手动调整所有交易标的对的下单限价。（实际上，这个步骤也可以自动化——可以使用 MATLAB 把所有的交易标的对的交易需求信息被写入到一个 Excel 文件中，然后上传到配对交易工具中。）我可以按另外一个按钮，来初始化自动价格监控功能，并在整个交易日当中，将满足条件的订单下达给交易商。

　　我也使用 REDIPlus 的 DDE 连接功能来下达其他的一揽子交易指令。我使用 MATLAB 生成在 Excel 单元格当中的合适的 DDE 连接公式，因此其可以在特定的行上，自动化更新特定交易对象的对应数据。在市场开市之后，我会运行一个附加在 Excel 表格上的宏程序，这个程序可以扫描每一个我需要订阅的交易标的，并提交（和 Excel 表格中包含的其他的订单信息一起）到我的 REDIPlus 账户当中。

　　一般来说，如果你一天只需要产生一次或者几次交易订单，你可以采取这样的半自动交易系统，每天按照上面的步骤操作几次即可。但是如果你想要更频繁地进行交易，那么即使你的交易商的 API 可以提供通过 Excel 的 Visual Basic 宏程序下达订单的功能，这个功能的速度一般也不够快，不能够支持你频繁地获取最新数据，然后立刻产生一轮又一轮新的订单的需求。在这种情况下，你必须要使用全自动的交易系统。

搭建一个全自动的交易系统

一个全自动的交易系统（见图 5.2）可以在程序循环当中，一遍一遍地运行交易算法，持续地扫描最新的被订阅的市场行情，并且在整个交易日当中产生一轮又一轮新的交易订单。通过 API 将订单下达到你的交易账户的过程，是全自动的，因此你不需要手工将所需要进行的交易，导入一揽子交易或者配对交易工具，也不需要手工运行一个 Excel 表格的宏程序。你需要做的只是早上点击自动化程序的"开始"按钮，然后在交易日结束之后，点击"关闭"按钮。你的交易软件会帮你完成其他所有的交易工作。

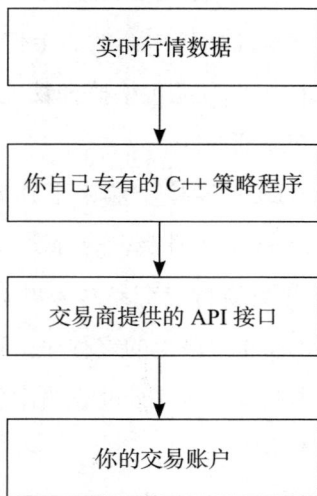

```
┌─────────────────────┐
│     实时行情数据        │
└─────────────────────┘
          │
          ▼
┌─────────────────────┐
│  你自己专有的 C++ 策略程序  │
└─────────────────────┘
          │
          ▼
┌─────────────────────┐
│   交易商提供的 API 接口    │
└─────────────────────┘
          │
          ▼
┌─────────────────────┐
│      你的交易账户        │
└─────────────────────┘
```

图 5.2　全自动化的交易系统

执行一个全自动化的交易系统，需要你的交易商能够提供获取数据和下达订单的 API。你的交易商通常可以提供一些流行的编程软件的 API，比如 Visual Basic、Java、C# 或者 C++ 的 API，所以你的全自动化交易系统也必须用这些语言编写。不幸的是，没有一个我知道的交易商会提供

MATLAB 这个语言的 API。因此，MATLAB 不可以用来搭建一个自动化的、能够完成订单传输功能的交易系统。

理论上，一个全自动化的交易系统可以通过 Excel 表格和一个附加的宏程序搭建出来：你需要做的全部事情，其实就是构建一个宏程序中的循环调用模型，可以不停地通过 DDE 连接来更新 Excel 单元格中的数据，并在整个交易日当中合理地将产生的订单下达到你的交易账户。不幸的是，通过 DDE 来更新数据是非常慢的。一般你的交易商也会限制你一次可以更新的交易标的数据的个数。（除非你在之前的交易月份产生了很大量的交易手续费，否则盈透证券只允许你一次更新最多 100 个交易标的的数据。）同样，通过 DDE 连接来下达订单也是非常缓慢的。因此，使用 Excel 表格来全自动化执行那些需要对实时行情变化快速反应的日内交易策略，是不可行的。

有些交易商可以提供诸如 TradeStation 这样的回测和订单下达集成在一起的交易平台。如果你使用这样的平台进行回测，那么你需要做一些琐碎的配置工作，程序可以将真实的交易订单直接下达到你的交易账户当中。这样，你确实不需要自己再写一个单独的软件来做回测，或者做自动化交易执行。然而，就如我在第三章提到的一样，这样的专门化、定制好的交易系统的缺陷就是，它们永远无法像 MATLAB 或者 Java 这样的编程语言一样，提供构建交易策略的灵活性。如果你想要做一个需要进行相对复杂的数学计算的策略，比如基于主成分分析方法（Principal Component Analysis，PCA，见案例 7.4）的策略，那么你想在 TradeStation 当中实现出来就是非常困难的。更多的整合性的高级交易平台，比如 Alphacet Discovery，确实可以提供更加复杂的算法，来进行回测和交易执行，但是这些平台通常会比较昂贵，个人交易者不一定能负担得起。

雇用一个编程开发顾问

搭建一个自动化的交易系统，通常比回测一个策略需要更多的专业编程技巧。对高频交易策略来说尤其如此。因为对于高频策略，交易执行速度才是关键。如果你不想自己搭建一个交易系统，你可能会觉得，雇用一个编程开发顾问来帮助你解决问题，会省下不少的麻烦。

雇用一个编程开发顾问不一定要花很多钱。对于一个有经验的程序员，每小时的工作费用大概是 50 美元到 100 美元。有时候，你可以通过沟通谈判，在项目开始前，谈妥一个项目的整体固定费用。按照我的经验，一个独立交易者的大部分程序开发项目，只需花费 1000 美元到 5000 美元。如果你多个交易账户中的一个支持一些 API 功能，那么这个交易商通常也可以给你介绍一些在 API 功能开发领域具有丰富经验的程序员。（比如盈透证券就有一个专门的网页，来让一些编程开发顾问提供服务。）你同样可以在诸如 elitetrader 之类的网站上，寻找（或者发布需求）这样的开发者。最后，如果之前的方法都不管用，你可以在 craigslist 网站上找到即使没有上千人也有数百人的兼职程序员。不过，我发现 craigslist 上面的兼职程序员的水平参差不齐。而且，他们通常缺乏对于金融市场和交易技术的深入了解，但是这些知识对于成功地构建一个自动化交易系统是非常重要的。

你在雇用程序员帮你做开发工作的时候，有一个问题需要注意：如何对你的交易策略进行保密？当然，你可以和他们签署保密协议（nondisclosure agreements，NDAs，你可以在很多法律网站找到免费模板），但是你很难确保这些程序员不会在他们的个人账户里面偷偷地运行你的策略。这里，有一些常见的办法来解决这个问题。

首先，之前也讲过的一点就是，很多你觉得是自己独家发明的策略，实际上是很多有经验的交易员早已经熟知的。因此，无论你喜欢这个策略与否，其他人都已经在交易非常相似的策略了，也会因此影响你的交易收益。增加一两个采用与你相似的策略的交易者（除非这个人是为一个大型的资产管理机构工作）是不会对你的策略产生太大的影响的。

其次，如果你的交易策略有足够的市场容量（比如大部分期货交易策略），那么额外的交易冲击的影响也不会太大。

最后，你可以将你的信息和交易执行区分开来。即，你可以雇用不同的程序员，来构建自动化交易系统的不同组件。通常，一个程序员可以来构建适用于不同策略的基础程序，另一个程序员可以实现具体的某一个交易策略，并且这个策略需要读取你提供的交易参数。这样，第一个程序员并不知道你的策略，而第二个程序员并没有相应的基础交易系统来执行策略。这样，没有一个程序员知道你在这个策略上使用的实际交易参数。

如何降低交易成本

我们在第三章中，讨论了交易成本会如何影响一个策略的实际收益。除了可以通过更换你的交易商或者自营交易公司，来减少交易手续费之外，还有一些其他的方法，可以通过改善你的交易执行效率来减少交易成本。

为了减少交易成本，你可以不去交易一些低价股票。实际上，机构交易者一般不会交易任何价格低于 5 美元的股票。不仅仅是因为低价股票会提高你的交易手续费（因为如果你的交易商按照每股收取固定交易费用，那么低价股，由于需要买卖更多的股份数量，势必手续费会更贵），还因为这些股票有更大的买卖价差，这也会增加你整体的流动性成本。

为了减少市场冲击，你需要根据股票的流动性情况，避免使用过大的订单规模（交易手数或股份数）。一个常见的流动性评价指标，就是一只股票的每日平均成交量（你可以根据你的需求，选取计算平均成交量的回看窗口的长度）。一般来说，你可以下达的每个订单的最大规模，不应当超过日均成交量的 1%。作为一个个人独立交易者，你可能会觉得达到 1% 这个标准是非常困难的。实际上，如果你交易一些大市值的股票，你的想法肯定是对的。但是，如果你交易一些小市值的股票，你会对这些股票流动性之低而感到惊讶。

比如，在撰写本书的时候，标准普尔 600 小市值股票中的一只股票——IRN，它的三个月的平均日成交量大概是 51000 股，并且最近一个交易日的收盘价是 4.45 美元。每天成交量的 1% 对应的股份数是 510 股，对应的金额仅仅是 2269.5 美元。

另外一个缩减交易成本的方法就是基于你交易股票的市值来进行交易量的成比例调整。这种调整并不是一个精确的科学方法，但是大部分务实的交易者一般不会使用线性的比例调整，因为股票之间的市值规模差距是非常大的。有的股票市值只有数千万美元，而有的股票市值会高达数千亿美元。通过线性的调整（比如按股票交易量和股票市值线性等比调整），可以使得大部分小市值和超小市值股票的权重在你的投资组合中变得几乎为零。在这样的比例下，你几乎就无法取得任何分散投资的好处了。如果你使用了线性调整，那么最大市值股票的权重将会达到最小市值股票权重的 1 万倍。为了实现多元化投资的目的，在满足我们之前提到的流动性需求的前提下，我们不能让这个差距超过 10 倍。如果设定股票的资金权重，与其市值的四次开方成正比，就可以实现上述要求。

我们还有另外一个缩减交易成本的方法。很多机构投资者在执行一个大的订单的时候，会将订单分解成很多小的订单，并且在一段时间内一点点地执行。这种交易方法肯定是可以缩减交易成本的；但是，这种方法会引起另外一种交易成本，就是滑点。在第二章我们已经讨论了，滑点是发出交易信号时，实际的市场价格和订单平均成交价格间的差异。因为订单是在一段时间内分开成交的，因此滑点有可能会很大。我们在缩减市场冲击的同时，会增加滑点，因此对于大部分订单规模本来就不是很大的个人独立交易者来说，这种方法并不是很合适。

然而，有时候滑点是你无法控制的：可能是因为你的交易商的交易执行速度太慢，可能是因为软件问题（交易商的软件处理你的订单的速度太慢），可能是因为风控问题（你的交易订单在交付交易所执行前，交易商需要检查你的账户资金情况，并通过一系列的风控标准审查），或者交易网络问题（交易商连接交易所的网络速度）。或者，你的交易商不能够连入一些流动性很好的暗池。这些交易执行成本和问题，是你在选择交易商的时候需要考虑的，具体内容请参照第四章。

通过模拟交易检测你的交易系统

在你搭建完自动化交易系统后，如果你的交易商能够提供模拟交易账户，那么通过模拟交易账户对你的自动化交易系统进行检测，是一个很好的主意。模拟交易有很多好处，其中最大的好处就是，模拟交易是实践中唯一的、可以检验你的自动化交易系统当中是否存在程序错误的方法。这可以避免你亏很多钱。

通常，在你开始进行模拟交易之后，你就可以发现你的交易策略当中是否存在未来数据偏差——在你下单之前，你无法获得一些重要的数据片段。如果这种问题发生了，你需要将你的策略推倒重来。

你应该运行你的自动化交易系统，执行模拟交易，之后比较你获得的模拟交易结果的损益情况，是不是和你的在加入最新数据之后的回测系统的理论结果一致。如果差异不是来自于交易成本（包含模拟交易的交易延迟），那么你的软件一定存在程序错误。（我在第四章提到过，一些交易商可以提供模拟交易账户。）

　　另外一个模拟交易的好处就是，模拟交易可以帮助你更好地理解你的策略，包括其盈利和亏损的波动情况、策略实际需要使用的资金、每天发生的交易次数，以及各种各样的操作问题，比如数据问题等。即使理论上，你可以在回测中检测大部分的策略的特征，但是你一般只有在每天面对实际正在进行的交易的时候，才会对策略有更直观的认识。回测不会暴露出一些交易运营方面的问题，比如你是否可以足够快地在每天交易开始之前，下载好所有需要的数据，以及在实际交易执行中，你如何最优化你的交易运营流程。

　　不要低估在开盘前准备你需要交易的订单所需要的时间。这个工作会在每天早上花费我 20 分钟去下载数据和预处理数据，并需要花费我另外 15 分钟左右的时间来将订单传输到我的交易账户当中。如果你的交易策略需要使用在市场开盘之前才能获得的数据或者新闻消息，并且所需要的信息不能延迟超过 35 分钟，那么你就需要想办法搭建一个更快的执行系统，或者改变你的策略。你无法在模拟交易之前发现实际上存在这些时间上的问题。

　　如果你可以进行模拟测试一个月或者更久的时间，你甚至可以发现数据过拟合偏差这样的问题，因为模拟交易是完全真实的样本外检测。然而，交易者通常会随着模拟交易的时间变长，对策略的表现越来越不关注，因为你总会遇到更加紧急的问题（比如去解决实盘运营的交易程序上的问题）。这样，你的模拟交易系统会因为你没有给予足够的关注，而出现一些运营方面的疏忽或者错误，从而使模拟交易系统的业绩表现得很差。因此，数据过拟合偏差往往只有你投入小规模的资金进行实盘测试之后，才可以被更有效地发现。

为什么交易策略的实际表现会和预期表现有偏差

最后，在做完检测策略和准备交易系统这些繁重的工作之后，你终于可以下达你的第一个交易订单，并在市场里成交了！无论赢利与否，你都需要理解，策略需要运行一阵子，你才可以发现策略的表现是否符合你的预期。但是如果在一个月、两个月，甚至一个季度过去之后，这个策略依然不怎么赚钱，或者甚至是有所亏损，这时你该怎么办呢？这样的令人失望的结果，是很多刚刚开始进行量化交易的新人交易者经常遇到的问题。这时，你就需要回顾下面列出的问题，来搞清楚可能导致业绩与预期有偏差的原因。

- 你的自动化交易系统有程序错误吗？
- 自动化交易系统产生的交易订单和你回测产生的订单是否一致？
- 交易成本是否远远高于你的预期？
- 你是否交易了一些不活跃的股票，从而导致了很高的市场冲击成本？

如果交易的执行成本比你的预期高很多，那么重新阅读之前描述的如何缩减交易成本的内容，是非常有帮助的。

在这些简单的诊断工作完成之后，如果你依然没有找到问题，那么你就需要面对两个最烦人的造成收益偏离的原因：数据过拟合偏差，市场规律改变。

为了确认是否是因为数据过拟合偏差造成的实盘业绩变差，你可以通过将你策略中尽可能多的规则和参数移除，来进行检验。如果你的回测表现在做了改变之后，变得完全不行了，那么你的策略就很可能有数据过拟合问题，这时候你就需要去重新研发新的策略了。如果回测的结果依然还不错，那么你实盘交易表现不好的结果，就可能仅仅是因为暂时运气不好。

市场规律发生改变，指的是金融市场的结构或者宏观经济环境发生了巨大的变化，以至于曾经赢利的交易策略现在变得无法赢利了。

这些年有两个值得注意的市场规律的变化，与市场结构（或者监管环境）有关，会对策略造成影响。

第一个变化是股票价格变化的百分比化。在 2001 年之前，美国的股票价格，是按照十六分之一或者八分之一美元的价格变化标准进行报价的。从 2001 年 4 月 9 日开始，所有的美国股票价格，都改成了以百分之一的价格变动单位进行报价。这些看起来没什么影响的改变，实际上对市场结构的影响非常大，尤其对一些统计套利策略的赢利性影响很大。

具体为什么会这样呢？要解释个中原因，需要用一整本书来讲述。简单来说，交易价格变化百分比化之后，减少了价格发现过程中的摩擦，而统计套利交易者很多在市场中是担当做市商工作的，他们主要就是通过市场的价格摩擦和无效过程来获取利润的。（这个解释是由安德烈·施特奇博士，在 2008 年 1 月的哥伦比亚大学金融工程论坛上提出的，报告名称为《统计套利的利润消失后去了哪里》。其他的行业专家也在一些和我的私下交流中提出了相同的看法。）因此，我们可以预期，统计套利策略的回测收益，在 2001 年之前会比现在的表现要好很多。

另外一个市场规律的变化，会影响你需要做空股票的策略。

在 2007 年之前，美国证券交易委员会的规则指明，除非一只股票符合"价格增加"（plus tick）或者"零价格增加"（zero-plus tick）状态，否则交易者无法做空该股票。因此，如果你的回测数据包含这些早期的数据，很可能一些你在回测中非常赚钱的做空头寸，实际上由于不满足价格增加状态，是无法被实际交易的，或者只能够以非常大的滑点为代价，才可以成交。价格增加规则，在 2007 年 6 月被美国证券交易委员会取消。因此，你的一个需要做空股票的交易策略的表现，很可能在 2007 年之前会因为这个区别，而人为地比近些时候可取得的实际交易表现要好很多。

实际上，在做空股票的时候，除了交易规则改变造成的市场规律变化之外，也有另外一个问题会造成策略的实际表现达不到历史回测的表现。即使没有价格增加规则，很多股票，特别是一些小市值或者流动性很差的股票，对你来说是很难借入从而进行卖空的。如果你想要卖出一只股票，那么你的交易商需要从别人那里借入这只股票（通常来自于大型的公募基金，或者其他这家交易商的客户），然后把这只股票借给你来做空。如果没有人能够或者愿意把他们的股票借给你，那么这只股票就是很难借入的，你就没办法做空这只股票。因此，历史回测上一些很赚钱的空头交易，实际上很可能没办法实现，因为这只股票很难被借入。

本段中描述的两个市场规律变化的案例，是非常明确的改变，并且已经被公开接受了。然而，可能会有很多其他微小的规律改变，仅仅针对某些特殊的股票类别，从而很少有人了解，但是同样会对你的交易策略的业绩产生不利影响。我会在第七章的特别讨论专题当中，讲述我们如何研发出一个可以自动识别市场规律变化的模型。

本章小结

自动化交易系统是一组软件，可以基于你的交易策略自动产生交易订单，并将订单传输到你的交易账户当中。拥有这样的软件的好处如下。

- 可以确保你的实际交易完全和你的回测策略一致。
- 减少你需要进行的交易操作，因此可以同时交易多组策略。
- 最重要的是，可以保证交易的传达速度，这对于高频交易尤其重要。

一个半自动的交易系统和一个全自动的交易系统的区别有以下几点。

- 在半自动的交易系统当中，交易员仍然需要手工上传一个包含订单细节的文本文档，在合适的时候，或者使用一揽子下单工具，或者使用配对下单工具，或者需要手工按一个按钮，来发送订单。然而，订单文本文件可以由诸如 MATLAB 之类的程序自动生成。
- 在全自动的交易系统当中，程序可以在一个交易日甚至多个交易日当中自动更新数据和发送订单。

在你编写好一个自动化交易系统之后，你就可以关注很多对交易执行十分重要的问题了，比如缩减交易成本和模拟交易。缩减交易成本，主要是防止你的订单相对于平均成交量过大，或者相对于交易标的的市值过大的问题。

模拟交易可以在如下几个方面帮助你。

- 发现软件、交易策略和交易执行程序中的程序错误。
- 发现未来数据偏差和数据过拟合偏差。
- 发现交易运营相关的问题，并为日常交易流程做计划。
- 更合理地估算交易成本。
- 对交易的盈利和亏损的波动、资金使用程度、投资组合规模，以及交易频率产生大致的感觉。

最后，如果你的实盘交易业绩和你的历史回测结果相差很多，你需要做什么呢？你可以从分析一些常见的问题开始：消除策略和执行软件中的程序错误；减少交易成本；简化策略，减少参数。但是，如果最后从根本上你的策略仍然不行，那么可能就是数据过拟合偏差或者市场规律变化的问题了。

如果你相信（有时候你只能相信，因为你永远无法证明）你的策略不好的实盘交易表现是因为坏运气，而不是因为策略中的数据过拟合偏差和市场规律改变，那么你应该怎么做呢？特别是你的业绩开始变差、你的资金开始流失的时候。这个问题很关键，我们会在下一章详细讨论。下一章，我们会关注如何通过系统性的操作，来在你发生亏损的时候保护你的资金；同时仍然保持一定的市场参与度，当市场情况好转的时候，使策略可以收复失地。

第六章

量化交易的资金管理和风险管理

所有的交易策略都会经历偶尔的亏损，从之前的技术术语上讲，也就是经历资金回撤。回撤可能会持续几分钟，也可能会持续几年。为了在量化交易行业获利，你需要通过管理好你的风险来确保回撤可以被控制在一个可以忍受的水平；同时还需要确保你有足够的持仓规模，以便利用好最优的杠杆水平达到最快的财富增长速度。这是你必须要好好考虑的事情。更进一步讲，如果你有多个交易策略，那么你也需要找到一个办法，在不同策略之间，最优化配置你的资金，以求最大化你的风险调整后的投资收益。

使用最优化资金分配和最优杠杆比率，可以帮助你在风险管理和最大化盈利之间找到正确的平衡。这个问题，就是本章关注的重点，而我们使用的关键工具叫作凯利公式（Kelly Formula）。

最优资金配置和杠杆率

假设你计划交易多个策略，并且你已经知道了每个策略的预期收益和预期标准差。现在，你如何在它们之间最优化配置资金呢？更进一步地说，你需要使用多大的杠杆（你的投资组合的规模和你的账户权益的比率）？

我在前言中提到的爱德华·索普（Edward Thorp）博士，写了一个关于这个问题的非常棒的说明性论文（Thorp，1997），我会在本章中详细地介绍他的观点。（索普博士的关注点在于一个证券投资组合，而我的关注点是如何构建投资策略组合。然而，我们使用的数学工具是非常相似的。）

每一个最优化问题都起始于一个优化目标。我们的优化目标就是如何最大化你的长期财富——我相信这个目标对于个人投资者来说是没有什么争议的。最大化长期财富，相当于最大化你的投资组合的长期复合投资回报率 g。注意，这个目标隐含地指出，爆仓（比如因为投资损失，你的账户权益归零或者成为负数）必须被避免。这是因为如果策略在测试时间内的某一点达到爆仓的概率不为零，那么长期的财富就必然会归零。

（在所有的讨论当中，我都假设会将我们的投资回报再投资，因此，如果我们使用杠杆，那么复合投资回报率就是最重要的。）

我在之后的讨论中会做一个简化的假设，就是我们的每个交易策略的投资回报的概率分布，都符合高斯分布，其均值固定为 m_i，标准差固定为 s_{i0}（收益需要减去融资成本，也就是说，收益为超额收益。）这是金融学当中的常见近似，但是可能会非常不准确。大额的亏损在金融市场中出现的频率远远高于（或者从另外一个角度看，损失的程度会远远大于）高斯概率分布所假设的情况。然而，所有的科学和工程探索，都起始于最简单的、有比较粗略假设的模型，金融也不例外。我会在本章后面的部分，讨论如何来解决这个不准确的问题。

我们用一个矢量数组来描述你应当给你的 n 个策略分配的最优资金比例。$F^* = (f_1^*, f_2^*, \ldots f_n^*)^{\mathrm{T}}$。这里，T 的意思是转置。

在之前提到的优化目标和高斯分布的假设条件下，索普博士指出，最优的资金分配方式是：

$$F^* = C^{-1}M$$

这里，C 是第 i 个策略和第 j 个策略收益的协方差 C_{ij} 所构成的协方差矩阵。-1 的意思是矩阵取逆，而 $M = (m_1, m_2, ..., m_n)^T$ 是策略平均回报率的矢量数组。注意，这些收益是一期，简单（非复合），无杠杆收益。比如，如果你的策略持有了 1 美元股票 A 的多头和 1 美元股票 B 的空头，并在一个交易周期内获取了 0.1 美元的利润，那么 m 就是 0.05，无论你账户中实际有多少的资金。

如果我们假设策略的收益是统计无关的，那么其协方差矩阵就变成了一个对角矩阵，其对角元素的值为对应的单个策略的方差。这就会产生一个非常简单的公式：

$$f_i = m_i/s_i^2$$

这就是著名的凯利公式（如果你想要看关于这个公式更多有趣的故事，可以参看 Poundstone 在 2005 年发表的文章）。这个公式既可以应用在连续的金融交易场景中，也可以应用在离散的赌博结果中。这个公式给出了我们对某一个策略应当使用的最优杠杆比率。

感兴趣的读者，可以在本章末尾查看，在一个简单策略中，我们如何对凯利公式进行简单的推导。

案例 6.1：一个有趣的小问题（为什么风险对你是不好的）

这里有一个简单的小问题，可能会让很多专业的交易员困扰一会儿。假如某一只股票的价格波动符合真正的随机游走，这意味着，对于任何一分钟，这只股票有一半的可能会上涨 1%，也有一半的可能会下跌 1%。如果你买入这只股票，那么从长期来看，忽略融资成本，你最后的收益结果，最可能是赚钱、亏钱，还是不赚不亏？

大多数交易员都会不假思索地说出答案——"不赚不亏"，但是这个答案是错的。正确的答案是你会亏钱，以每分钟 0.005%（或者 0.5 个基点）的速度亏钱！这是因为对于一个几何随机游走过程，其复合平均收益率，不是短期（或者说一期）的收益率 m（这里是 0），而是 $g = m - s^2/2$。这符合本章附录中给出的复合收益率 $g(f)$ 的一般公式，基于杠杆率为 1 的假设，以及无风险利率 r 为 0 的假设。这也符合一组数字的几何平均数永远小于其算术平均值的事实（除非数字是完全一样的，这种情况下两种平均数的值相等）。就像我之前假设的一样，如果我们假设收益的算术平均值是 0，那么其几何平均值也就是其平均复合收益率，就一定是负的了。

这个研究给我们的启发就是，风险永远会降低长期的投资收益率——因此风险管理是非常重要的。

通常情况下，由于参数估计的不准确性，以及收益分布并不完全符合高斯分布，交易员更倾向于使用凯利公式推荐的杠杆一半的水平，以确保安全。这种方法叫作"半凯利"押注。

如果你有一个个人独立交易账户，那么你可以使用的最大杠杆 l 会被限制在 2 倍或者 4 倍，根据你是否持有隔夜头寸，或者仅仅进行日内交易来决定。在这种情况下，就需要缩减所有的组合权重 f_i，缩减乘数为 $l/(|f_1| + |f_2| + ... + |f_n|)$，其中 $|f_1| + |f_2| + ... + |f_n|$ 是所有未受限制的组合权重的绝对值的和。这里，我们忽略了一些独立策略可能会持有相反的持仓的可能性（比如一个多头策略和一个空头策略，可能会分别需要持有国债空头和多头作为对冲），而这种可能性，会让你持有比这个公式建议的更高一点的杠杆水平。

我之前提到，使用好的资金分配和杠杆水平，会让你的策略最大化其长期复合收益率。那么最大的长期复合收益率是多少呢？结果如下：

$$g = r + S^2/2$$

这里，S 是你的投资组合的夏普比率！就如同我在第二章指出的，你的投资组合（或者策略）的夏普比率越高，在使用凯利公式推荐的杠杆比率的情况下，你就可以有更高的资金（或者财富）最大收益率。下面是一个简单的数学案例。

案例 6.2：根据凯利公式计算最优杠杆比率

我们在这里看一个在量化研究工作中会遇到的使用凯利公式的案例。假设你的投资组合仅仅包含一个 SPY 的多头头寸，SPY 是一个交易所交易基金（exchange traded fund, ETF），跟踪标准普尔 500 指数。假设 SPY 的年化平均收益率是 11.231%，而其年化标准差是 16.91%，并考虑 4% 的无风险利率。因此，这个组合有一个年化为 7.231% 的超额收益率和年化 16.91% 的标准差，因此其夏普比率为 0.4275。根据凯利公式，最优杠杆率为 $f = 0.07231 / 0.1691^2 = 2.528$。（注意，这里有一个有趣的小观察：凯利公式的最优杠杆率 f 和时间尺度无关，所以无论你是否对你的收益和标准差进行年化处理，都没什么影响，这和受到时间尺度影响的夏普比率不同。）最后，你的年化收益率加上杠杆并扣除融资成本之后，为 13.14%。

你可以从雅虎财经下载 SPY 的每日价格数据，并自己修改一些参数，在 Excel 表格中计算不同数值对应的参数。我是在 2007 年 12 月 29 日做这个操作的，我的 Excel 表格可以在我的网站获得。在 H 列，我计算了 SPY 调整后的收盘价格的每日收益，并从 H 列的第 3760 行单元格开始，计算了 SPY 的年化平均收益率、SPY 的标准差、投资组合的超额收益率、投资组合的夏普比率、凯利杠杆率，最后是杠杆后的复合收益率。

根据凯利公式，我们计算出来的 2.528 倍的杠杆，对于这个策略意味着，如果你有 10 万美元用来投资，并且你对你测试出来的收益和标准差有信心，那么你应当借入资金，买入价值 252800 美元的 SPY。进一步说，你可以预期你投入的 10 万美元的投资的年化复合收益率是 13.14%。

作为比较，我们可以看看如果我们不使用杠杆，我们可以获得什么样的复合收益率（见本章附录的公式）：$g = r + m - s^2/2 = 0.1123 - (0.1691)^2 = 9.8\%$。也就是说，如果你不使用杠杆，那么你获得的长期收益率是 9.8%，而不是其算术平均值 11.23%。

案例 6.3：根据凯利公式计算最优资金分配

我们选取三个不同行业的 ETF 基金，来研究我们如何在其间分配资金，以达到整个投资组合的最大收益率。这三个 ETF 基金是：OIH（石油服务行业）、RKH（零售银行行业）和 RTH（零售业）。我们从雅虎财经下载每日数据，我也将其保存在我的网站上面的 OIH.xls、RKH.xls 以及 RTH.xls 文件里面。下面是我们用到的 MATLAB 程序，还有计算 M、C 以及 F^* 的 MATLAB 程序。

```
% make sure previously defined variables are erased.
clear;
% read a spreadsheet named "OIH.xls" into MATLAB.
[num1, txt1] = xlsread('OIH');
% the first column (starting from the second row) is
% the trading days in format mm/dd/yyyy.
tday1 = txt1(2:end, 1);
tday1 = datestr(datenum(tday1, 'mm/dd/yyyy'), 'yyyymmdd');
% convert the format into yyyymmdd.

% convert the date strings first into cell arrays
```

```
% and then into numeric format.
tday1 = str2double(cellstr(tday1));
% the last column contains the adjusted close prices.
adjcls1 = num1(:, end);
% read a spreadsheet named "RKH.xls" into MATLAB.
[num2, txt2] = xlsread('RKH');
% the first column (starting from the second row) is
% the trading days in format mm/dd/yyyy.
tday2 = txt2(2:end, 1);
% convert the format into yyyymmdd.
tday2 = ..
datestr(datenum(tday2, 'mm/dd/yyyy'), 'yyyymmdd');

% convert the date strings first into cell arrays and
% then into numeric format.
tday2 = str2double(cellstr(tday2));
adjcls2 = num2(:, end);

% read a spreadsheet named "RTH.xls" into MATLAB.
[num3, txt3] = xlsread('RTH');
% the first column (starting from the second row) is
% the trading days in format mm/dd/yyyy.
tday3 = txt3(2:end, 1);

% convert the format into yyyymmdd.
```

```
tday3 = ..
datestr(datenum(tday3, 'mm/dd/yyyy'), 'yyyymmdd');


% convert the date strings first into cell arrays and
% then into numeric format.
tday3 = str2double(cellstr(tday3));
adjcls3 = num3(:, end);


% merge these data
tday = union(tday1, tday2);
tday = union(tday, tday3);
adjcls = NaN(length(tday), 3);


[foo idx1 idx] = intersect(tday1, tday);
adjcls(idx, 1) = adjcls1(idx1);
[foo idx2 idx] = intersect(tday2, tday);
adjcls(idx, 2) = adjcls2(idx2);
[foo idx3 idx] = intersect(tday3, tday);
adjcls(idx, 3) = adjcls3(idx3);


ret = (adjcls-lag1(adjcls))./lag1(adjcls); % returns


% days where any one return is missing
baddata = find(any(~isfinite(ret), 2));
% eliminate days where any one return is missing
```

```
ret(baddata,:) = [];
% excess returns: assume annualized risk free rate is 4%
excessRet = ret-repmat(0.04/252, size(ret));

% annualized mean excess returns
M = 252*mean(excessRet, 1)'% M =
%
%    0.1396
% 0.0294
% -0.0073

C = 252*cov(excessRet) % annualized covariance matrix
% C =
%
%    0.1109    0.0200    0.0183
%    0.0200    0.0372    0.0269
%    0.0183    0.0269    0.0420

F = inv(C)*M % Kelly optimal leverages

% F =
%
%    1.2919
%    1.1723
%    -1.4882
```

请注意，RTH 的平均超额收益是负数。基于此，我们不应该对凯利公式推荐我们做空 RTH 感到奇怪。

你可能会想，当我们使用最优资金分配之后，我们可以实现什么样的夏普比率和最大复合增长率呢？一个多策略的高斯过程的最大复合增长率可以按如下步骤计算：

$$g\left(F^*\right) = r + F^{*\mathrm{T}}CF^*/2$$

而夏普比率是：

$$S = \sqrt{F^{*T}CF}$$

下面是计算这两个数值的简单 MATLAB 代码。

```
% Maximum annualized compounded growth rate
g = 0.04+F*C*F/2 % g =
%
%      0.1529


S = sqrt(F*C*F) % Sharpe ratio of portfolio
% S =
%
%      0.4751
```

请注意，投资组合的复合增长率是 15.29%，比任何一个单独股票可以实现的最大增长率都高。（作为一个练习，你可以拿 OIH 的最大增长率来进行验证，其增长率是三只股票中最高的，是 12.78%。）

凯利公式要求，在你持有的股票价格变动的时候，持续地调整你的资金分配，以确保投资组合的资金分配保持最优。基于案例 6.2 的 SPY 的具体情况，假如你遵循凯利公式，并买入一个价值 252800 美元的投资组合。下一交易日，灾难发生了，你在 SPY 上损失了 10%。因此，现在你的投资组合的价值是 227520 美元，而你的净权益是 74720 美元。那么，现在你需要做什么呢？根据凯利公式的方法，你需要立刻缩减你的投资组合规模到 188892.66 美元。为什么？因为最优的投资组合杠杆比率应该是你的净权益的 2.528 倍，也就是 74720 美元的 2.528 倍，即 188892.16 美元。

作为一个实际操作的方法，这种一直调整你的资金分配的操作，应当至少在每个交易日结束的时候做一次。除了更新你的资金配比之外，你也需要每隔一段时间，通过计算最新的移动平均收益和标准差，来更新矩阵 F^*。你应当取多久的回看窗口，以及你需要多频繁地更新这些数值以更新凯利公式？这依赖于你的策略的平均持仓时间。如果你持仓时间是一个交易日左右，那么一个简单的标准就是，你的回看阶段应该是 6 个月。使用相对较短的回看时间，可以获得的好处就是，你可以逐渐将那些表现不好的策略的权重调低。至于更新的频率，如果你编写了一个程序来进行更新，那么每天更新一次 F^* 应该不是什么麻烦的事情。

最后一点：一些策略会每天产生几次交易信号，因此会导致你的持仓一直在改变，同时账户的资金也在改变。我们如何在自己不知道未来的具体持仓的情况下，使用凯利公式来决定持仓资金呢？你可以仍然使用凯利公式，来决定一个策略的最大持仓水平。使用比凯利公式推荐的杠杆水平更低的杠杆，永远是更安全的选择。

风险管理

我们从前一部分的内容看到，凯利公式不仅仅对于确定最优资金分配比率和最优杠杆水平很有用，而且其对风险管理也很有用。实际上，案例 6.2 的 SPY 策略显示，凯利公式会建议你在遭受交易损失之后，缩减你的投资组合规模。这种在遭受损失之后缩减头寸规模的操作，就是常见的风险管理方法，无论你的缩减方式是不是按照凯利公式进行。

风险管理要求你应当在发生损失的时候，缩减你的持仓规模，即使这意味着将你的浮亏变成了真实的损失。（这种风险管理方式的另外一面就是，最优化杠杆比率，要求你在你的策略产生利润之后，增加你的持仓规模。）这种亏损卖出的操作，被一些分析师认为是造成大型对冲基金同时产生大规模亏损而引起"金融雪崩"的原因。

这个问题的一个案例是，2007 年夏天的对冲基金崩溃，这个问题在之前提到的文章《在 2007 年 8 月，量化交易发生了什么》中有所记录。文章作者是阿米尔·汉丹尼（Amir Khandani）和罗闻全（Andrew Lo）。在 2007 年 8 月，在住房市场和住房抵押贷款违约危机的乌云临近之际，很多著名的对冲基金经历了前所未有的亏损，比如高盛的全球阿尔法基金（Goldman Sachs's Global Alpha fund）下跌了 22.5%。数十亿美元的资金在一周之内蒸发。即使是文艺复兴基金公司，可以说是有史以来最成功的量化对冲基金，也在 2007 年 8 月上旬亏损了 8.7%，尽管其之后收回了大部分的损失。这次不仅是亏损幅度非常惊人，而且亏损的传染性也引起了整个金融行业的极大忧虑。很奇怪的是，这些基金当中，几乎没有一家持有住房抵押贷款证券这种表面上引起金融恐慌的罪魁祸首。因此，这个问题变成了一个经典的关于由对冲金基金引发的金融传染性的研究项目。

这种金融传染性发生的原因，来自于一家对冲基金发生的巨大亏损，这使得其必须卖出其持有的巨大的持仓头寸（无论是否因为这些持仓最先导致了亏损）。这些卖出活动造成了证券价格的下跌（或者因为平掉空头而造成证券价格上涨）。如果其他的对冲基金也持有相似的头寸，那他们也会遭受到巨大的损失，使得他们自己的风险管理系统要求去卖出他们持有的头寸，那么这个亏损链条就会持续传递下去。比如，在2007年夏天，一个可能持有次级住房抵押债券（简称次级债券）的对冲基金在这个持仓上遭受了巨大的损失。风险管理体系要求他们卖出他们投资组合中流动性比较好的股票头寸，而这些头寸在那个时候还没有受到次级债券市场崩溃的影响。但是因为他们出售这些股票，其他的进行统计套利策略的基金，虽然并不持有住房抵押贷款类证券，但是也会遭受到巨大的损失，并不得不继续卖出这些股票。因此，在住房抵押证券市场的卖出活动，突然变成了在股票市场的卖出活动——这就是对金融传染性的一个非常好的诠释。

在我们正确地意识到止损的重要性，以及理解了为了遵循凯利公式，我们需要持续地进行投资组合的均衡调整，因此导致了较高的交易规模和交易频率之后，你就可以明白，为什么很多交易员愿意使用半凯利法则。较低的杠杆意味着由于风险管理的原因，你不需要卖出那么大规模的持仓。

有时候，即使使用半凯利公式，其结果仍然可能会过于激进，因此交易者很可能愿意用额外的约束条件来限制其投资组合的规模。这是因为，就像我之前指出的那样，在连续金融研究中，使用凯利公式的前提条件就是，其收益分布符合高斯分布。（连续金融研究，指的是在金融市场中的投资决策的结果是一个连续的损失或者收益的空间，与一些纸牌游戏的离散的损失或收益的结果不同。）但是，在实际中，投资收益的分布不是真的符合高斯分布：大额的亏损会比完美高斯分布的钟形曲线预测的发生频率高很多。有些人将这种真实分布的情况叫作肥尾分布。这意味着，一个离分布均值很远的事件，其发生的概率会比高斯分布推断的概率要高得非常多。

这种理论上非常不可能发生的事件，被知名作家纳西姆·塔勒布（Nassim Taleb，2007）称作"黑天鹅"事件。

为了去应对这种高斯分布没法处理的极端事件，我们可以通过我们的简单的回测技术，来粗略地估计策略历史上的单期最大回撤。（这个周期可能是一周，也可能是一天，或者是一个小时。这个周期的选择条件应当根据你对你的投资组合进行凯利公式调整的周期来定，你需要在每个周期末尾进行一次投资组合调整。）你同样需要想清楚，你在每一个交易周期所愿意承担的资金的最大回撤是多少。用你可以忍受的最大单期资金回撤，去除以历史上最大的回撤，可以让你理解，是不是即使使用半凯利公式，其杠杆对你来说也是过大了。一般建议，你应当使用半凯利公式杠杆和最大可获得杠杆中，历史最大回撤最小的一个作为你的一般杠杆率。在标准普尔 500 指数案例中，最大的历史单日亏损是大概 20.47%，发生在 1987 年 10 月 19 日——"黑色星期一"。如果你可以最多容忍你的资金在一个交易日亏损 20%，那么你的最大杠杆就应该是 1 倍。而同时，半凯利公式挂荐的杠杆比率是 1.26。因此，在这种情形下，即使是使用半凯利公式，这也不够保守，没法让你在黑色星期一幸存下来。

风险管理最恐怖的情况就是，那些在历史上从来没有发生过的情况。引用哲学家路德维希·维特根斯坦（Ludwig Wittgenstein）的话就是："凡不能言语处，当付诸默然。"对于这些不可知的问题，理论模型也应当保持沉默。

使用止损，是否是一个好的风险管理方法

一些交易者认为，好的风险管理意味着在每一笔交易上使用止损条件，即如果一个持仓头寸发生了某一比例的亏损，那么这个交易者会平仓，退出这个头寸。一个常见的错误认知就是，相信使用止损条件可以防止投资

组合发生灾难性的亏损。当一个灾难性的事件发生，证券的价格会非连续地下跌，因此用来退出持仓的止损条件订单，只会在比事件发生前差非常多的价格成交。因此，通过退出持仓，我们实际上就确认了在灾难性事件中的损失，而不是避免这一损失。如果止损条件一定是有益的话，其对应的前提假设是，我们的市场是处于一个动量或者趋势的状态中。换句话说，我们必须相信，价格会继续在持仓时间内变得更差。否则，如果市场在我们的持仓时间内处于均值回归的状态，我们要是不过早离场的话，我们实际上会收回我们的损失。

当然，我们很难区分我们的市场是处于动量状态（这种情况下止损是有利的），还是处于均值回归状态（这种情况下止损是有害的）。我个人的观察是，如果价格的变化是来自于新闻或者其他基本面的原因（比如公司的收入在恶化），那么市场很可能是处于动量的状态，这时交易者按照交易行业的行话，就"不要站在全速行驶的火车前面"。比如，如果一个公司的基本面分析指出，这家公司目前的价格是高估的，其股票价格很可能会逐渐下跌（至少和市场指数相比），直到达到一个新的、更低的均衡价格。这个向更低的均衡价格运动的过程，只要公司的经济基本面情况没有改变，就是不可逆的。然而，在没有明确的新闻或者基本面原因的情况下，证券价格发生了巨大的变化，那么价格波动的原因很可能是来自于流动性问题。比如，一个大型机构因为其自身特殊的原因，需要大量减持其在该证券上的头寸，或者一个大的投机者突然想要平掉其做空的头寸。流动性事件的持续时间一般比较短，并且对应的市场价格会更倾向于回到之前的价格区间。

我们会在第七章讨论更多合适的动量策略和均值回归策略的退出方式。

除了持仓头寸产生的风险（其同时包含市场整体的风险和某一证券单

独的风险），我们也需要考虑其他的风险：模型风险、软件风险和其他自然
灾害风险。这三种风险的发生概率依次下降。

模型风险

模型风险，简单来说，指的就是交易损失，不是来自于市场统计规律
发生小的变动，而是来自于模型本身是错的。模型是错误的，这件事可能
由很多原因引起，一些原因我们在第三章讨论过，比如数据过拟合偏差、
幸存者偏差等。为了减少回测软件当中所有的这些偏差和错误，有一个合
作者或者顾问可以独立复制你的回测结果，以证明其有效性，是非常有帮
助的。这种研究的可重复性，在科学研究当中是常规过程，在金融研究中
也是必不可少的。

模型风险也可能并不是来自于模型之中的偏差或者错误，以及回测的
过程，而是来自于那些运行和你相同策略的机构投资者的竞争，或者也可
能是来自于一些市场基本环境变化的结果，这些变化减少了你的模型的有
效性。这个问题我们在第五章关于市场规律变化的讨论中进行了阐述。

如果模型风险由这些来源组成，那么你能做的就不是很多。你只能随
着这个模型发生亏损，逐渐降低这个模型使用的杠杆，直到其最终杠杆比
率为零。如果你一直基于模型的平均回报和标准差，通过凯利公式来持续
地更新你的持仓杠杆，那么你可以系统地实现这个过程。（随着在凯利公式
的回看窗口内，平均收益下降到零，凯利杠杆也将下降到零。）如果突然出
现了一个较大的回撤，迅速关停模型可能是更好的选择（具体内容见下一
部分，关于交易心理准备的内容，我会讨论由于心理压力而过早关停交易
模型的情况）。

软件风险

软件风险指的是，你的自动化交易系统每天产生的交易实际上和你的

回测模型不完全相同。这种情况会因为无所不在的软件问题而发生。我在第五章中已讨论了如何减少这样的软件问题：你可以通过比较你的自动化交易系统产生的交易和你的回测系统产生的理论交易是否相同，来确认是否存在软件风险。

其他自然灾害风险

最后，物理和自然灾害也会发生，这也会引起巨大的亏损，并且这些问题并不需要像地震或者海啸这么夸张。在你进行仓位对冲的时候，如果你的互联网连接中断了，你该怎么办？如果在传输交易订单的过程中停电了，你该怎么办？在第四章介绍硬件基础设施的内容中，我们讨论了一些实用的方法，来预防这些物理灾难引起的正常交易的中断问题。

量化交易者的心理建设

一本量化交易的书却包含一部分关于交易心理建设的内容，可能会看起来很怪。毕竟，量化交易不是应该将我们从我们的情绪中解放出来，让电脑以一种遵守纪律的方式，来做全部的交易决定吗？如果事情是这么简单就好了：一些没有做好心理建设的人类交易者，经常会人工改变自动化交易系统的决定，特别是他们的持仓，或者在一个交易日当中，他们获得了异常的利润或者亏损的时候，他们会忍不住去干预。因此，即使你使用量化交易策略，能够学习去理解自己的一些心理弱点，也是非常重要的。

幸运的是，现在有一个金融领域的研究，叫作"行为金融学"（Thaler，1994），其研究的对象，就是非理性的金融决策制定过程。我这里会介绍一些常见的、对交易有影响的非理性行为。

第一类常见的心理偏误包括禀赋效应（endowment effect）、现状偏误（status quo bias），以及损失厌恶（loss aversion）。前两个效应会导致一些交易者持有一个亏损的头寸过久，一位交易员（或者一般化为"人类"）会给现在的状态过多的优先级（现状偏误），因为他们抛弃这只股票所需要的心理成本比他们买入这只股票要高（禀赋效应）。就像我在风险管理部分提出的，持有一个亏损的头寸是有理性的原因的（比如，你期待均值回归现象）；然而，这些心理偏误会导致交易者即使没有任何合理的理由，也会持有亏损的头寸（比如，如果你认为现在市场处于趋势状态，那么这样的趋势会让你亏损的头寸遭受更多的亏损）。同时，损失厌恶偏误会使得交易者过早地退出他们持有的盈利仓位，即使这些持仓平均意义上会产生更多的利润。为什么他们会过早地退出盈利的头寸呢？因为失去现在的利润的痛苦，超过了他们从更多的回报中获取的收益。

这些行为学偏误，在一个人完全是因为错误操作（比如软件中的错误，或者操作错误，或者数据问题），而进入了一个头寸，并且导致了很大亏损的情况下，是最明显的，也是最具破坏性的。理性的方法应该是，一旦发现错误，应立刻退出这个头寸。然而，交易员经常希望这个头寸可以发生均值回归的过程，这样他们的损失在他们平仓的时候可以变小一点。除非你的均值回归模型在这个时候也认为进入这个头寸是一个好的时机，否则等待市场发生均值回归的行为，很可能会导致更大的损失。

另外一个我个人经历过的常见的偏误是"代表偏差"（Representativeness Bias），人们往往会对近期的经验给予太多的关注，而忽视长期的平均情况（Ritter 在 2003 年的一篇文章中对于很多行为金融学研究的偏误给予了很好的介绍。）在发生较大的亏损之后，交易员，即使是量化交易员也会倾向于立刻修改一些策略的参数，以使得他们经过修改后的交易系统再遇到相同的行情时可以避免这样的巨大亏损。但是，当然，由于这些修改，这个系统在未来很可能会发生一些新的尚未发生过的巨大亏损，或者错过很多获利机会，所以这样的临时修改实际上是不明智的。我们必须记住，我们的策略运行在概率之上。没有任何一个系统可以避免所有的市场异常情况，因此都会经历一些亏损。

如果你觉得你的交易系统仍然有不足，并且想对其进行修改，你应当总是完整地回测你修改的版本，以确保其可以在足够长的回测周期内，表现得比旧的交易系统好，而不是仅仅在最近的几周表现好。

还有两个主要的心理弱点，交易员群体比经济学家理解得更好：恐惧和贪婪。

当一个交易模型经历了一个幅度很大、持续时间很长的回撤之后，交易者就会出现恐惧。很多交易者（以及其基金经理、投资人等）会有很大的压力，以至于在这种情形下，他们会打算彻底地关停一个交易模型。另外一些过于自信的交易者，则会毫无畏惧地做相反的事情：他们会在亏损的模型上加倍他们的头寸，期待如果模型的表现改善，会最终收回他们的损失。上面的行为都不是理性的：如果你一直根据凯利公式来管理你的资金分配和杠杆水平，那么你应当在你的模型亏损的时候，逐渐地减少其资金规模。

当你的模型最近表现良好，并产生了很多利润的时候，贪婪是一个更常见的情绪。你现在会有快速增加模型杠杆的冲动，从而更快地变得富有。同样，在这种情况下，一个自律的量化交易员会将杠杆保持在凯利公式允许的水平之下，并同时对肥尾事件保持谨慎。

恐惧和贪婪，两者都会导致交易者使用过高的杠杆（交易一个过于大的投资组合）：在恐惧中，交易者会通过增加新的资金来期望收回损失；在贪婪中，交易者会在策略初始成功之后，过快地增加交易资金。因此，一个风险管理的黄金规则就是：保证你的投资组合规模时刻在可控范围内。但这个问题永远是说起来比做起来简单。规模巨大、名声在外的对冲基金都无法避免受到持有过高杠杆的诱惑而最终失败，比如长期资本管理公司

（Long-Term Capital Management）在 2000 年破产，不凋花基金（Amaranth Advisors）在 2006 年破产。在不凋花基金的案例中，其某个单独策略（天然气跨期交易）由于一个交易员（布莱恩·亨特）的决策而杠杆过高。这个单一策略的持仓规模达到 60 亿美元之多，并出现了亏损，使得基金的全部资金爆仓——这是一个教科书级别的管理不当问题的案例。

我在投资机构工作和个人投资过程中，都经历过这样的压力，而在这几次经历中，我都过于冒进。我在一个资产管理公司工作的时候，因为过于贪婪，导致我的投资组合给基金的投资者造成的损失超过 100 万美元。我在一个仅仅交易了 6 个月的策略上面，增加了超过 1 亿美元的资金。（做这个操作的时候，我还不理解凯利公式。）并且这个教训我并没有充分汲取。我在自己个人刚开始独立交易的时候，又一次犯了相同的错误。我当时在做一个均值回归策略，涉及一个能源交易所交易基金（ETF）XLE 和原油期货（CL）。当这个组合的价差没有发生均值回归的时候，我冒失地增加我的价差持仓规模至 50 万美元。最后，我开始恐惧了，我退出了这个价差组合，并产生了 6 位数的亏损。之后，这个价差开始回归，但是我已经不能再获利了。（幸运的是，在我第一年交易的时候，其他的一些策略表现得很好，因此最终我第一年的交易综合成果是仅仅发生了一点点损失。）

我们如何训练自己，使得我们可以战胜这些心理上的弱点，学会不手动改变模型的决策，并可以有效、正确地修改交易上的错误呢？和其他的人类冒险活动一样，最好的办法就是从一个小的投资组合开始，逐渐地增加你在交易上的心理准备，增强你的自律性，以及对你的交易模型的信心。随着你在情绪上可以更好地处理每天策略的收益和损失的波动，并可以驾驭好你灵魂深处的原始冲动，这时你的投资组合的实际表现会慢慢地朝着你预期的策略收益靠拢。

在我经历了之前提到的灾难性交易之后，我逐渐理解了之前所说的道理。我从凯利公式中学会的纪律性和信心，到目前为止，一直在有效地防止我再次出现类似的问题。

本章小结

风险管理是交易中非常重要的一方面。在交易世界中，有大量的大型对冲基金和投资银行由于一笔交易或者短时间内的大规模亏损而破产的案例。大多数这样的亏损都是因为使用了过高的杠杆，而不是因为错误的模型。一般来说，交易员也不会在一个表现不好的模型上使用过高的杠杆。一个至今为止表现极好的模型，由于交易者过于自信和过高杠杆的原因，就很可能有极大的风险，发生较大的亏损。因此，本章提供了一个很重要的风险管理工具：使用凯利公式来决定最优杠杆率。

除了决定最优杠杆率之外，凯利公式也有其他方面的用途：它可以基于策略回报的协方差，以同样的原理决定不同策略的最优资金分配。

但是，如果你在心理上没有为交易带来的资金规模起伏做好准备，那么你的行为就会偏离最理性的决策（比如你的模型的决策），这时，没有任何风险管理公式或者风险管理系统可以阻止交易灾难的发生。风险管理中，最重要的态度其实很简单：不要向恐惧或者贪婪屈服。为了获取在交易中可以克服心理困难的能力，你需要进行练习，因此你需要在最开始用小的资金慢慢地成长，并在这个过程中，检验交易生意当中的各方面问题（模型、软件、操作流程、资金和风险管理），之后，你可以根据凯利公式的规则，慢慢地增加你的交易资金。

我发现，为了你可以在交易行业中稳健并谨慎地成长起来，你最好能有其他的收入来源或者一些生意来在财务上维持生计和在情感上维持积极性（以避免交易长期没有进展而带来的厌倦感）。你最好找到一个可以消遣的活动，这类活动无论能否带来收入，都会实际上帮助你长期实现财富增长。

本章附录　当收益分布符合高斯分布时，凯利公式的简单推导

如果我们假设一个策略（或者一个证券）的收益符合高斯分布，那么凯利公式可以很简单地被推导出来。我们从杠杆后的复合高斯分布收益公式开始：

$$g\,(f) = r + fm - s^2f^2/2$$

其中 f 是杠杆率，r 是无风险利率，m 是简单算术、非复合单期超额收益，s 是该非复合收益的标准差。这个公式可以推导出复合收益率的公式，但并不像凯利公式那么简单，读者可以查看索普的文章，学习具体的推导。

为了找到可以最大化 g 的最优杠杆率 f，我们只需要对公式中的 f 进行一阶求导，并设导数为 0：

$$dg/df = m - s^2f = 0$$

因此，此公式的解就是 $f=m/s^2$，也就是在高斯分布下，对一个策略或者一个证券应当应用的凯利公式。

第七章

量化交易的进阶讨论

　　本书的前六章，介绍了大部分量化交易的基础知识。这些知识可以帮你进行研究，开发和执行你自己的量化交易策略。在本章中，我们将更详细地讨论一些量化交易中的重要内容。本章的内容是统计套利策略的基础，大部分的量化交易员对本章的大部分内容都或多或少有所了解。本章的内容对于你形成对量化交易的直观认知也非常有帮助。

　　我在本章会介绍两类交易策略：均值回归策略和动量策略。一个周期内，市场会呈均值回归走势，或者趋势走势，这是一些交易者提到的市场的底层规律，而市场在不同的底层规律之间切换的特点，就是本章要讨论的内容。均值回归策略可以由概率论中有关时间序列的平稳和协整的定理推导和证明，我会在之后详细介绍。之后，我会介绍一些大部分对冲基金使用的用来管理大型投资组合的理论，以及造成这些基金波动的一个原因：因子模型。其他的交易员常讨论的策略——包括季节性交易和高频交易，也会在之后被提到。所有的策略都需要一个退出头寸的方法，因此我会介绍不同的退出头寸的逻辑。最后，我会详细讨论如何选择一种提高策略表现的方法：通过使用更高的杠杆，还是交易 beta 值更高的股票。

均值回归策略和动量策略

交易策略可以获利的前提条件是，其交易的证券的价格不是存在均值回归现象就是存在动量现象。除此之外，其他的价格波动都是随机游走，是无法有效交易的。如果你相信证券的价格是均值回归的，那么如果其价格比某种参考价格低，你就应当买入，然后计划在更高的价格卖出。但是相反，如果你相信价格是呈趋势变化的，并且它们现在的价格在不断下降，那么你现在应当做空，并计划在更低的价格买回来。如果价格现在不断升高，你也可以基于之前的假设，进行反向操作。

一些学术研究的成果显示，股票价格在一般意义上接近随机游走。然而，这并不意味着在某些特殊情况下，它们不会展现出一定程度的均值回归或者趋势走势。进一步说，在任何时候，股票价格都可以既呈均值回归也呈趋势走势，其依赖于你感兴趣的价格时间尺度。构建一个交易策略，实际上就是决定在某些特殊的条件下，在特定的时间尺度下，价格是呈均值回归的还是呈趋势的，以及在特定的时候，你应当用什么价格做初始判断的参考价格。（当价格呈趋势运动时，价格也被叫作有"动量"，因此相应的策略经常被叫作动量策略。）

一些人喜欢将价格可以既呈均值回归又呈趋势特征的现象叫作股票价格的分形几何学特点。技术分析师、图表分析师喜欢用艾略特波浪理论（Elliott wave theory）来分析这种现象。其他一些人则使用机器学习和人工智能的方法（诸如隐马尔可夫链、卡尔曼滤波、神经网络等），来研究或识别现在的价格是处于均值回归状态还是趋势状态。我个人没有发现这些理论对于识别均值回归还是趋势走势有什么特别的帮助。（但是，我们在关于市场底层规律切换的章节，提出了一个公认的成功方法，可以预测某一只股票所处的市场状态。）我发现，出于安全考虑，我们通常可以假设，除非一只股票的收益预期发生了改变，否则股票的价格将会保持均值回归特性。实际上，金融学研究者（Khandani and Lo，2007）构建了一个可以持续很多年赢利的非常简单的均值回归模型。当然，均值回归特性是否足够强，以及均值回归过程是否稳定，可以让我们在考虑交易成本之后还能赢利，则是另外一个问题。这依赖于你——交易者，能够发现均值回归保持强势且持续的特殊情形。

尽管均值回归现象非常常见，但对一个赢利的均值回归策略进行回测，却需要非常小心。

很多历史金融数据库存在价格错误。这样的错误往往会人为地提高均值回归策略的表现。其原因很简单：均值回归策略会根据错误的报价，在偏离历史移动平均值非常低的价格买入，同时在下一个和历史平均值接近的正确报价卖出，因此获利。你必须确保你的数据被彻底清洗过，免除了这样的错误报价。只有这样，你才可以完全相信你的均值回归策略的回测表现。

幸存者偏差同样会非常大地影响均值回归策略的回测表现，我们在第三章已经讨论过。股票在其被收购（价格变得非常高）或者破产（价格变为零）时，会经历极端的价格事件。一个均值回归策略会做空前者或者买入后者，两种情况都会导致亏损。然而，如果你的历史数据存在幸存者偏差，这些股票可能根本不会出现在你的股票历史数据库当中，因此会人为地提高你的股票的回测表现。你可以通过表 3.1 来发现，哪些历史数据库存在幸存者偏差。

动量策略可能是由于信息的缓慢传播而产生的——随着人们逐渐了解一些消息，更多的人会决定买入或者卖出一只股票，因此使价格向相同的方向运动。我在本节之前提到过，当股票的预期盈利发生改变的时候，股票会显示出动量特性。在一个公司公布季度盈利，并且投资者逐渐知晓这个公布结果，或者投资者对这只股票执行增量式的大额订单（以缩减市场冲击）的时候，这种情况很可能会发生。实际上，根据这个特点，可以开发出一类动量策略，叫作"盈利公告之后的市场偏移"（post earnings announcement drift，PEAD）。简单来讲，当一只股票的盈利超过预期时，这个策略会建议你买入这只股票；或者在盈利未达到预期时，推荐你做空这只股票。更一般地讲，很多新闻公告能够潜在地影响股票未来的收益预期，因此可能会导致股票进入趋势阶段。至于哪种新闻会触发这一过程，以及趋势阶段会持续多久，这些规律需要你自己去发现。

除了信息的缓慢扩散之外，动量也可能来自于大额订单的增量式执行过程。投资机构执行增量式订单的原因，一般来自于流动性需求，或者一个大的投资者的私人投资决策。这些原因，可能在短期的市场动量推动因素里面比其他因素发挥更大的作用。然而，随着大型交易商使用的交易执行算法越来越复杂，我们越来越难确定，在观察到的动量背后是否有大的订单。

动量也有可能来自于投资者的羊群效应：投资者会将其他人的买入或者卖出决定（可能是完全随机没有任何意义的）当作他们自己交易决策的单一原因。就像耶鲁大学的经济学家罗伯特·席勒（Robert Schiller）在《纽约时报》（New York Times）说的，没有人拥有进行金融决策所需要的所有信息。一个人需要依赖于另外一个人的决策。然而，我们没有办法来评判其他人的决策质量。更有问题的是，人们会在不同的时候做出不同的金融决策，而不是会集合在镇上的大厅，一次性达成一个所有人共同认同的决定。第一个愿意为房子付出高价的人，实际上是在通知其他人，买入房子是好的投资，这就会使得其他人开始做相同的决定。第一个买入者，就成了这个"信息"的传播者，带领了羊群中的其他人。

不幸的是，市场的动量状态如果由这两者引起（私人流动性需求，以及羊群效应），那么趋势持续的时间是无法预测的。你怎么能知道一个机构有多大的增量式订单要执行呢？你如何预测"羊群"的规模足够大到形成人群的潮涌呢？哪里又是事件发生的引爆点呢？如果我们没有值得信赖的方法来估计趋势的时间尺度，我们就不能够依据这个现象来进行可以获利的动量交易。我在之后的关于市场规律变化的部分，会进一步分析一些试图预测引爆点和"拐点"的方法。

我们这里还有最后一个值得讨论的关于均值回归和动量策略的对比。如果交易员在同样的策略上的竞争越来越激烈，会产生什么影响呢？对于均值回归策略，典型的影响就是，套利机会会逐渐被消除，因此均值回归策略的利润会逐渐减少到零。当套利机会的次数被减少到接近零，套利策略就会越来越多地被那些实际上是由于股票估值基本面改变引起的交易信号所影响，而在这样的情形下，价格是不会回复到均值的，因此交易者会越来越多地出现亏损。对于动量策略，策略竞争的结果就是趋势持续的时间会逐渐缩短。新闻传播的速度越来越快，交易员越来越能够在趋势开始的时候参与进来，市场的均衡价格会更快达到。任何在市场均衡之后进入的交易，都无法获利。

市场状态切换策略

我们都有预测市场状态的欲望，我们常用"市场拐点"来描述它。市场状态这一概念和金融市场一样古老。

我们希望可以预测市场从牛市向熊市的转变，即使预测准确性能有一点点改进也是好的，但是我们要想讨论清楚这一市场状态的变化，就需要花大量的时间。如果做这个事情有这么简单就好了。为了更好地预测这种市场状态的变化，很多研究人员从更广泛的角度来研究、关注金融市场中更多种类的状态变化，希望发现一些经得起现存统计工具检验的方法。

我在前文已经描述了两种市场状态改变（或者说是"永久改变"，因为在这两个案例当中，市场都不会再变回之前的状态了），这两种改变的原因是因为市场本身的变化，或者监管制度的变化：2003 年发生的市场价格变动百分比制改革，以及 2007 年发生的移除做空股票的价格增加规则。（更详细的内容请见第五章。）这些市场状态的变化是由政府宣布的，所以我们没有必要去预测这种改变，尽管没有什么人准确预测到了这些规则变化所产生的结果。

其他最常见的金融或者经济市场状态的变化，就是通胀状态和通缩状态、高波动率状态和低波动率状态，以及均值回归状态和趋势状态。在这些状态当中，波动率状态是最符合传统计量经济学工具检验条件的，比如一般条件自相关异方差模型（the Generalized Autoregressive Conditional Heteroskedasticity，GARCH）。很久以来，经济学家都可以很成功地构建波动率模型，这比预测波动率所依赖的股票价格本身容易很多，这并不令人惊讶。尽管预测这样的波动率状态变化对于期权交易员来说非常有价值，但是很不幸，这个预测模型对于股票交易员来说没有什么帮助。

学术界对于预测股票价格市场状态的模型，一般有以下几个假设。

1. 市场中的两个（或者多个）市场状态，可以由不同的价格概率分布来描述。在最简单的案例中，两个市场状态的价格对数收益率的分布，符合正态分布，但是具有不同的均值以及标准差。

2. 假设不同市场状态有一定概率互相转换。

3. 通过历史价格建模，来决定选取哪些具体的参数用于描述市场状态的概率分布，以及转换概率，使用的标准统计方法包括最大似然估计等。

4. 基于以上的拟合模型，找到下一个时间阶段最可能的市场状态，以及未来的预期股票价格。

这种类型的方法一般被称为马尔科夫市场状态切换模型（Markov Regime Switching）或者隐马尔可夫模型（Hidden Markov Models），其一般是基于贝叶斯概率理论的。对此方法感兴趣、想了解更多内容的读者，可以去看一些论文，诸如 Nielsen and Olesen（2000）、van Norden and Schaller（1993）或者 Kaufmann and Scheicher（1996）。

除了理论框架十分优雅之外，这样的马尔科夫市场状态变化模型实际上对于真实的交易需求没什么用处。这种模型的弱点来自于其假设：在任何时间，不同市场状态间的转换有固定的概率。实际上，这意味着在任何时候（就如同在 Nielsen 和 Olesen 的文章中写的），这样一只股票总是有一个小的可能，从一个正常的、静态的市场状态，转变到一个大幅波动的市场状态。但是这对于一个想要知道什么时候发生这个转变的交易员来说，是没有用的；这对于想知道在什么条件发生转变的交易员也没用。实际的转变概率，会突然变得很大。这个问题可以由拐点模型（Turning Points Models）解决。

拐点模型使用了一种数据挖掘的方法：输入全部可能对预测拐点或者市场状态改变有用的变量。这些变量包括目前的波动性、上一期回报，或者是市场宏观经济指标的改变，比如消费者信心指数变化、油价变化、债券价格变化等，都可以作为模型输入。实际上，经济学家罗伯特·席勒发表过一篇与拐点模型非常相关的文章，该文章是关于房地产市场的。他提出，媒体越来越多地报道关于市场未来的上涨或下跌的讨论，实际上是对于市场拐点非常好的预测工具。

在案例 7.1 中，我会展示我们如何通过数据挖掘方法，来寻找市场的拐点。我们仅仅需要使用一个基于股票价格序列的简单技术指标作为输入，从而获得不同持仓时间的股票收益作为输出。

案例 7.1：使用机器学习工具从股票市场状态的转变中获利

就像我在正文中讨论的，我相信市场的状态改变可以通过使用数据挖掘的方法很简单地识别出来：检验大量指标，进而找到一个可能预测市场状态改变的指标。这通常是一项非常繁重的工作——即使是使用 MATLAB。但是，幸运的是，一个最近发布的机器学习程序，让这个发现过程在几个小时内就可以完成。

我需要在这旦利用一个工具，叫作 Alphacet Discovery，这是一个集成的回测和交易执行平台，由 Alphacet 公司发布（披露：Alphacet 是我的公司的客户）。这个平台不仅可以整合历史数据和实时数据，以供高效地进行策略原型的构建、回测、分析和实时部署；它还包含了一套人工智能工具软件，诸如神经网络算法和遗传算法，特别适合进行机器学习，来发现我们想要寻找的相关性规律。

我将选取我的交易商公司的股票——GS，作为金融类股票的一个代表。我的目的是，我是否可以发现这个行业板块的市场拐点，这个拐点可以预测该板块从牛市转向熊市。我的起初假设是，有用的输入变量可能来自于利率变化、公布的市场宏观数据或者盈利公告，这些都可能会触发市场拐点。在本书写作的时候，Alphacet 还没有完成宏观数据和公司新闻数据的数据库整合工作，匹此我会使用 GS 股票价格的大幅变化作为新闻公告的一个近似替代。更进一步，我相信，GS 达到最近 N 天内的最高价或者最低价，是之前的市场状态将要结束的好的预测信号。所以我将这种情况也作为一个额外的输入，加入了模型。

我们面临的问题是：多大的价格变化才足够引起市场规律的改变？在 N 天内最高价／最低价条件中，N 的值怎么取？一般新的市场状态，会持续多久？（换句话说，我们最优的持仓时间是多久？）为了回答这些老派的问题，使用传统的手工研究方法是非常花时间的，因为你需要运行大量的具有不同自变量参数阈值和不同因变量收益周期的模拟运算。让我们看看，Alphacet Discovery 是如何帮助我们自动化这个过程的。

我们的模型使用的自变量仅仅是 GS 的每日收益，因变量则是 GS 在不同持仓周期的未来收益。我们的软件 Alphacet Discovery 可以轻松地找到最好的规则，或者最好的规则的组合，让我们的回测表现达到最好。在我们的案例中，每个百分比变化阈值，可以当作一个独立的规则。我选择两个买入的阈值和两个卖出的阈值：-1%、-3% 和 1%、3%。同样，每个持仓周期也可以封装成一个交易规则，我输入了 6 个这样的周期：1 天、5 天、10天、20 天、40 天和 60 天。

整理这个研究需要的价格、价格变化数据和 10 天最高价 / 最低价的时间序列，是很简单的：在 Alphacet Discovery 中（界面如图 7.1 所示），你大部分时候需要做的事情就是用鼠标拖拽和移动。（为了简单，我将策略使用的 N 固定在 10，但是这个参数也是可以优化的。）我拖拽了一个 GS 的价格序列，放在策略编辑器里面，并指定 1 天的频率作为可控条件（价格序列从 2006 年 12 月开始）。之后我又拖拽了几个已经提前准备好的，可以计算1 天价格变化，以及计算序列中 10 天移动最高价和最低价的规则，导入策略编辑器。最后，我将原始的价格序列通过从符号组工具框（Symbol Group Box）拉一个箭头指向程序组工具框（Program Group Box），将数据导入到程序组工具框。

现在我们可以尝试使用"放置菜单"，以及在文本框内通过规则编辑器填写新的规则，来创造不同的开仓规则。图 7.2 展示了我们如何在规则工具框 R3 中编写基于价格改变 ±1% 时的买入和卖出规则。我们也可以做一个相似的基于价格改变 ±3% 进行买卖的规则工具框。注意，在默认情况下，一个新产生的交易信号会覆盖由之前信号产生的交易仓位。

我们可以通过预先准备好的程序"持仓时间"来指明策略的不同持仓时间参数。（实际上，如果你懂得编程语言 Lisp，你可以轻易地创建这种程序。）这些功能全部集成在 I5 工具框内（而工具框 I6 则是被 ±2% 规则单独使用的。）我们通过从工具框 I5 拖出箭头，指向工具框 R3，来输入之前

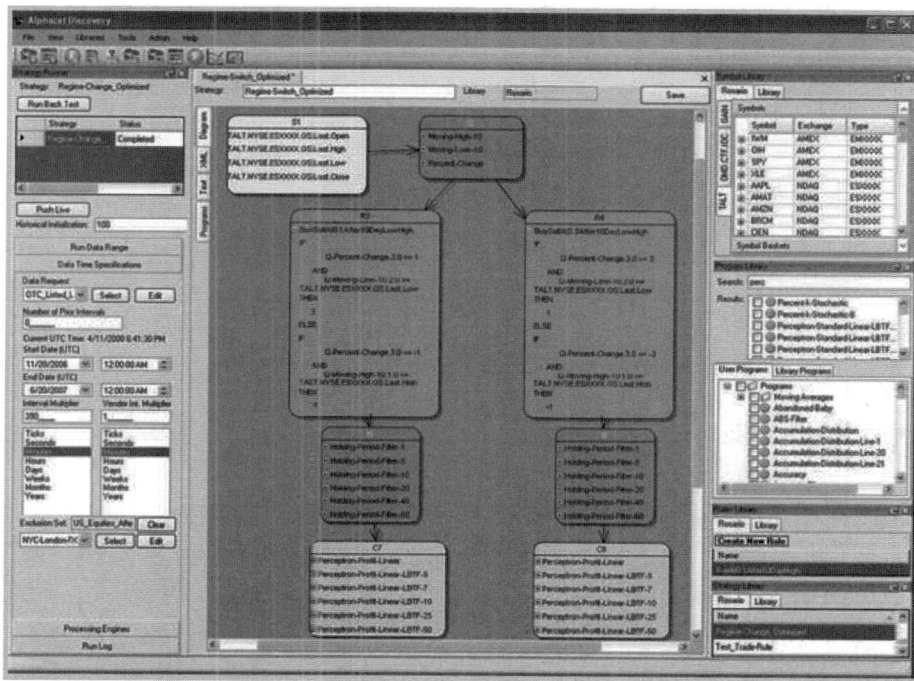

图 7.1　策略编辑器界面

的输出信息，同样应用于工具框 R4 到工具框 I9。

　　最后，我们在工具框 I7 和 I9 的输出信息上，运行感知学习算法（感知学习是神经网络算法的一种）。这个算法可以基于一个历史训练数据集的移动窗口，在最大化窗口整体收益的目标下，找到具有不同持仓周期的交易规则（以及其他参数）间的最优权重。基于这些最优化的权重，感知学习可以在每个周期结束的时候，触发买入和卖出决策。（你也可以选择其他算法，比如遗传算法或者 KMeans 临近分类算法。）

　　很有趣的一点是，感知学习算法不会强制我们正好连续 N 天持有一个头寸，即使移动平均策略的常见规则会这样做。每天，策略会决定是否买入、卖出，或者什么都不做，基于来自最新移动窗口的最新数据训练出来的最新

```
                          R3
 BuySellAt0.1After10DayLowHigh
 IF
         12-Percent-Change.3.0 >= 1
     AND
         12-Moving-Low-10.2.0 >= TALT.NYSE.ESXXXX.GS.Last.Low
 THEN
     1
 ELSE
 IF
         12-Percent-Change.3.0 >= −1
     AND
         12-Moving-High-10.1.0 <= TALT.NYSE.ESXXXX.GS.Last.High
 THEN
     −1
```

图 7.2 规则工具栏的具体内容

最优化参数，以及其他规则得出的决策结果，按照线性的权重进行决策。

现在，我们可以来看看策略的表现结果了。我们使用 Alphacet Discovery 软件的绘图功能来做这件事。图 7.3 显示了感知学习产生的 4 条资金曲线。最好的曲线是一个使用 50 天移动窗口来进行最优化的模型。（窗口长度本身也可以作为一个最优化目标，但是我们在这里跳过了这一步。）在绘图应用的边栏上，我们可以看到策略在 6 个月的回测期间内，获取了 37.93% 的未扣除交易成本的累计回报，并进行了 89 次买卖。（这可以和买入并持有 GS 所提供的 15.77% 的回报进行对比；并且，买入并持有的最大回撤是 14%。）我们也展示了不同持仓周期当中最优的资金曲线，来估计最优化对策略性能的提升（持仓周期 10 天对应 I5，并遵照 R3 的 1% 规则）。这个规则的期间收益是 18.55%。

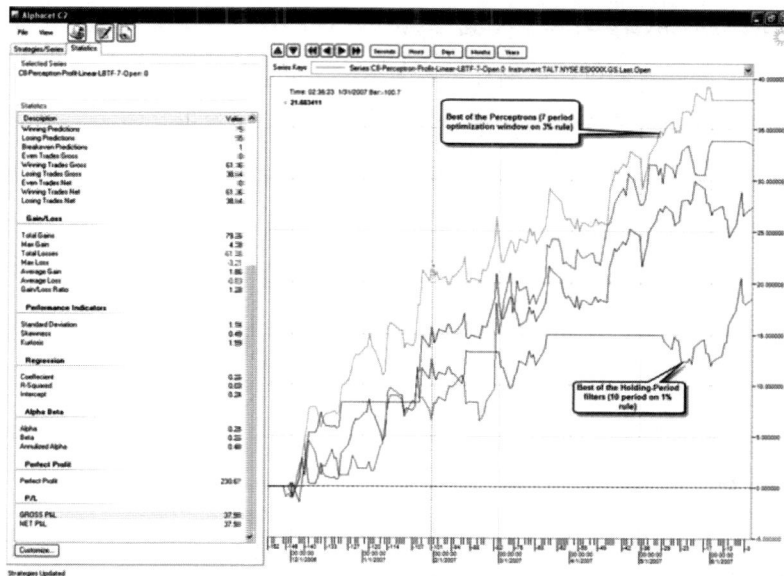

图 7.3　资金曲线的绘图应用以及边栏的收益统计

　　尽管回测时间比较短，但是策略回报看起来令人印象非常深刻。有什么地方可能出错吗？尤其是大量调整参数引起的数据过拟合偏差，是否肯定会存在于每一个基于机器学习或者人工智能的策略里面呢？Alphacet Discovery 的基本目标就是防止这样的事情发生。理论上，尽管没有特别阐述，全规则和全参数的最优化是可以按照回看移动窗口的方式完成的，因此我们回测使用的数据，是完全不会使用决策时点看不见的未来数据的。因此，数据过拟合问题仍然可能发生，因为我们可以舍弃一整套表现不好的模型，再尝试另外一组模型，直到表现改善。但是，这种问题在任何回测过程中，都是无法避免的。

　　我们同样应当注意，可以在这个案例中被最优化的参数组合实际上是非常有限的：只有最优持仓时间。这进一步减少了数据过拟合偏差的危险。

　　因为回测的结果看起来不错，我可以立刻简便地按一个按钮，就可以在 Alphacet Discovery 软件上将策略接入实盘，获取实时行情数据，在模拟交易或者实盘交易中产生交易订单。

你可以看到，只要你能够高效地最优化大量的参数，并执行严格的移动回看窗口模式的回测，即使是使用最简单的技术指标来创建一个适应市场状态改变的模型也并不困难（见第三章的"无参数交易模型"）。如果我们可以根据宏观或者公司的特殊新闻来确认价格变化，策略的变现结果可能会更好。我相信相似的技术可以在很多交易所交易基金（ETF）、期货，甚至外汇交易中获利。

感谢 Alphacet 公司的首席技术官罗萨里奥·英加里奥拉（Rosario Ingargiola）在开发本策略时提供的帮助。

平稳和协整

当说一个时间序列是"平稳"的时候，我们指的是，随着序列向前，其值不会向其初值之外的值偏离得越来越远。使用数学术语来说就是，平稳时间序列是"零阶单整"的，也就是 I（0）（Alexander，2001）。如果证券的价格时间序列是平稳的，那么很明显，这个证券就很适合做均值回归策略。很不幸，大部分股票价格的时间序列都不是平稳的——它们呈几何随机游走模式，价格会离初始的值（比如上市的价格）越来越远。然而，你通常可以发现一对股票，如果你买入一个、卖出另外一个，这对股票的总持仓价值是平稳的。如果是这样，那么这两个股票价格的各自的时间序列的关系，就叫作协整。这个性质可以被描述成，它们两者的价格时间序列的线性组合是零阶单整的。一般来说，可以构成协整股票对的股票，是来自同一行业的。交易员长期以来对这种配对交易是非常熟悉的。当构成这些股票对的股票的价格差异很低的时候，他们买入，然后在价格差异变大的时候卖出。换句话说，这是很经典的均值回归策略。

一个时间序列价格协整的案例是黄金交易所内交易基金 GLD 和黄金采掘业交易所内交易基金 GDX，我在之前的案例 3.6 中曾提到过。如果我们构建一个买入 1 股 GLD，并卖出 1.6766 股 GDX 的投资组合，这个投资组合的价格就形成了一个平稳时间序列（见图 7.4）。GLD 和 GDX 的具体股票配比可以由一个两者间的时间序列的回归拟合确定（见案例 7.2）。

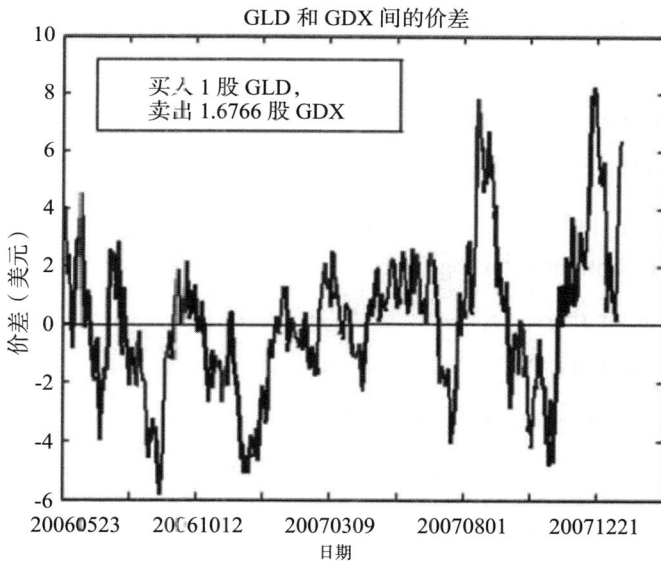

图 7.4　由 GLD 和 GDX 价差构成的平稳时间序列

案例 7.2：如何构建一个好的协整（并且均值回归）的股票对

如同我在正文中解释的一样，如果你买入一只股票，同时卖出同一行业的另一只股票，并采用正确的比例，那么，有的时候组成的新的组合（或者"价差"）就成了平稳序列。平稳时间序列是非常好的均值回归策略的标的。我在这个案例当中，将教你如何使用免费的 MATLAB 工具包，来决定两个时间序列是否协整，以及如果其协整，如何寻找最好的"对冲比率"（比如你需要持有多少股的股票 2，来对冲 1 股的股票 1）。

用来检验协整的主要方法叫作协整增强（Cointegrating Augmented）Dickey-Fuller 检验，因此函数名叫作 cadf。你可以从相关网站提供的手册里面找到这个方法的详细介绍。

```
% make sure previously defined variables are erased.
clear;
% read a spreadsheet named "GLD.xls" into MATLAB.
[num, txt] = xlsread('GLD');


% the first column (starting from the second row) is
% the trading days in format mm/dd/yyyy.
tday1 = txt(2:end, 1);
% convert the format into yyyymmdd.
tday1 = ..
datestr(datenum(tday1, 'mm/dd/yyyy'), 'yyyymmdd');


% convert the date strings first into cell arrays and
% then into numeric format.
tday1 = str2double(cellstr(tday1));
% the last column contains the adjusted close prices.
adjcls1 = num(:, end);
% read a spreadsheet named "GDX.xls" into MATLAB.
[num2, txt2] = xlsread('GDX');
```

% the first column (starting from the second row) is

% the trading days in format mm/dd/yyyy.

tday2 = txt2(2:end, 1);

% convert the format into yyyymmdd.

tday2 = ..

datestr(datenum(tday2, 'mm/dd/yyyy'), 'yyyymmdd');

% convert the date strings first into cell arrays and

% then into numeric format.

tday2 = str2double(cellstr(tday2));

adjcls2 = num2(:, end);

% find all the days when either GLD or GDX has data.

tday = union(tday1, tday2);

[foo idx idx1] = intersect(tday, tday1);

% combining the two price series

adjcls = NaN(length(tday), 2);

adjcls(idx, 1) = adjcls1(idx1);

[foo idx idx2] = intersect(tday, tday2);

adjcls(idx, 2) = adjcls2(idx2);

% days where any one price is missing

baddata = find(any(~isfinite(adjcls), 2));

tday(baddata) = [];

```
adjcls(baddata,:) = [];
vnames = strvcat('GLD', 'GDX');


% run cointegration check using
% augmented Dickey-Fuller test
res = cadf(adjcls(:, 1), adjcls(:, 2), 0, 1);
prt(res, vnames);


% Output from cadf function:


% Augmented DF test for co-integration variables:
GLD,GDX
% CADF t-statistic # of lags AR(1) estimate
%    -3.35698533   1    -0.060892
%
% 1% Crit Value 5% Crit Value 10% Crit Value
%    -3.819    -3.343    -3.042
% The t-statistic of -3.36 which is in between the
% 1% Crit Value of -3.819
% and the 5% Crit Value of -3.343 means that
% there is a better than 95%
% probability that these 2 time series are
% cointegrated.
```

```
results = ols(adjcls(:, 1), adjcls(:, 2));

hedgeRatio = results.beta
z = results.resid;

% A hedgeRatio of 1.6766 was found.
% I.e. GLD = 1.6766*GDX + z, where z can be
% interpreted as the
% spread GLD-1.6766*GDX and should be stationary.

% This should produce a chart similar to Figure 7.4.
plot(z);
```

为了避免你觉得任何在同一行业的股票都会协整，我们这里举一个反例：KO（可口可乐）和 PEP（百事可乐）。我们使用与案例 7.2 相同的协整检验，分析结果可以告诉我们，这两者协整的可能性低于 90%。如果你使用线性回归来寻找 KO 和 PEP 间最优的对冲比例，你可以画出和图 7.5 相似的结果。

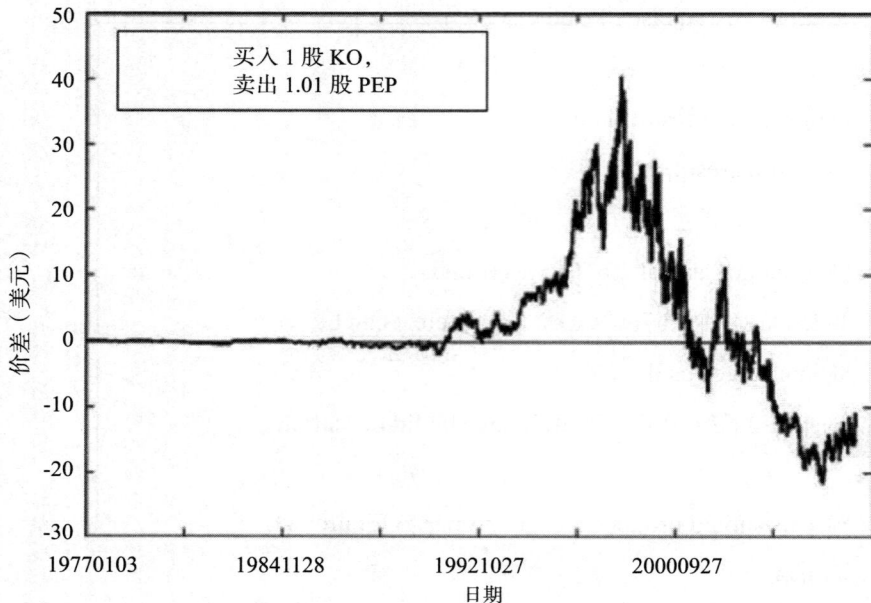

图 7.5　由 KO 和 PEP 价差构成的非平稳时间序列

　　如果价格序列（一只股票、一个股票对，或者更一般情况下，一个股票投资组合）是平稳的，那么均值回归策略就肯定可以赚钱——只要未来这个序列可以一直保持平稳（这一点是没办法保证的）。然而，反之不一定成立。你构建一个成功的均值回归策略，并不需要股票价格序列是平稳的。即使构建的是非平稳序列，只要有足够的短期反转机会可以利用，你的均值回归策略就可以获利，这一点很多交易者都发现了。

　　很多配对交易员实际上对平稳和协整的概念是不熟悉的。但是他们大多数都对相关性很熟悉，这个概念表面上看起来和协整是一回事。实际上，它们的概念是非常不同的。两个价格序列间的相关，实际上指的是其在某个时间尺度上（具体来说比如说一天）的收益的相关性。如果两个股票是正相关的，那么这两个股票在多数时间里，有很大的可能向相同的方向运动。然而，具有正相关并不能描述这两只股票的长期表现。特别是，正相关不能保证这两只股票的价格不会越来越偏离其长期均值，即使它们的价格在多数时间向相同方向运动。然而，如果两只股票协整，并且在未来保持协整，其（按照合理比率加权）回报将不容易发散。并且，它们的日（也可以是周或者其他的时间尺度）回报，可能是非常不相关的。

我们看一个人为构造的两个股票价格序列的案例，股票 A 和 B，它们协整但不相关，见图 7.6。很显然，股票 B 的波动和股票 A 的波动没有什么关联：有些交易日它们向相同方向运动，其他交易日则相反。大多数交易日，股票 B 的价格基本不怎么波动。但是请注意，股票 A 和股票 B 的价差，总会在一阵子之后，回到大概 1 美元附近。

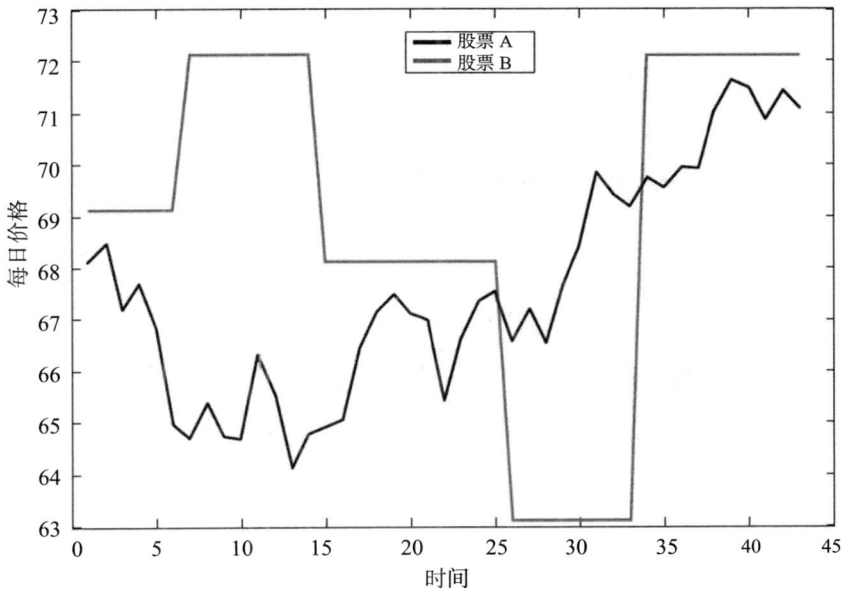

图 7.6　股票 A 和股票 B 协整，但是不相关

我们是否可以在现实生活中发现类似的现象呢？可以，KO 和 PEP 就是

一个。在程序 example7_3.m 当中，我们发现 KO 和 PEP 并不协整。但是，如果你检测它们每日的相关性，你会发现它们的相关性是 0.4849，这在统计意义上是非常显著的了。统计测试内容放在了 example7_3.m 程序中，并在以下的案例 7.3 中展示。

案例 7.3：检测 KO 和 PEP 之间的协整和相关性特征

KO 和 PEP 的协整检验和案例 7.2 中的 GDX 和 GLD 一样，因此我们不在这里重复。协整检验结果显示，协整增强 Dicky-Fuller 检验的 *t*-statistic 指标是 –2.14，比 10% 的统计临界值 –3.038 大，意味着这两个时间序列协整的概率不超过 90%。

下面的代码部分，是关于两个时间序列是否相关的检验。

% A test for correlation.

dailyReturns = (adjcls-lag1(adjcls))./lag1(adjcls);

[R,P] = corrcoef(dailyReturns(2:end,:));

% R =

%

%   1.0000   0.4849

%   0.4849   1.0000

%

%

% P =

%

%   1   0

```
%       0    1
% The P value of 0 indicates that the two time series
% are significantly correlated.
```

平稳并不仅仅限于两个股票的价差：在一些货币对上，你也可以发现这样的性质。比如，加拿大元 / 澳大利亚元（CAD/AUD）的交叉货币汇率就是非常平稳的，因为这两个货币都是商品货币。很多期货配对以及固定收益工具配对，也可以满足协整条件（最简单的期货协整对就是日历价差：买入并卖出具有相同衍生标的物，但是有不同到期时间的期货合约。固定收益工具也是如此，你可以买入并卖出相同发行人发行，但是到期时间不同的债券。）

因子模型

市场评论员经常说一些这样的话："现在市场喜欢价值股"，"市场目前的关注点在于盈利增长"，或者"投资者正在关注通胀指标"。你如何量化这些或者其他的股票收益驱动因素呢？

在量化金融领域，有一个很有名的框架，叫作因子模型（Factor Models），也叫作套利定价理论（Arbitrage Pricing Theory，APT），该模型尝试捕捉股票收益的不同驱动因素，比如收益增长率、利率、公司市值等。这些驱动因素就叫作因子。从数学角度来看，你可以写出 N 只股票的超额收益 R（收益减去无风险利率）：

$$R = Xb + u$$

其中 X 是一个 $N \times N$ 的因子暴露矩阵（也叫作因子负载），b 是一个因子收益的 N 维向量，u 是一个特征收益的 N 维向量。（所有这些量都是时间依赖的，但是我为了简化，跳过了这些具体的依赖。）

具体的术语，如因子暴露（Factor Exposure）、因子收益（Factor Return），以及特征收益（Specific Return），通常在量化金融领域使用，这些都值得我们花一些时间来理解。因子收益是常见的股票收益的驱动因素，并且因此独立于具体一只股票。因子暴露是股票对于每种常见驱动因素的敏感性。任何股票收益，如果不能被这些常见因子收益解释，那么这部分收益就是特征收益（比如，在 APT 框架内，特征收益被认为是每只股票独有的，并且实际上被认为是随机噪声）。每只股票的特征收益被假设是与其他股票的特征收益不相关的。

我们在这里展示一个简单的因子模型——Fama-French 三因子模型（Fama 和 French，1992）。这个模型假定股票的超额收益仅由三个线性因子暴露决定：beta 值（也就是股票对于市场指数的敏感性）、市值，以及市净率。这三个因子的暴露，对于不同股票和不同时间阶段，很明显是不同的。（因子暴露通常进行了标准化操作，使得股票池中的平均因子暴露的均值为0，标准差为 1。）

既然我们知道如何计算因子暴露，那么因子收益和特征收益该怎么处理呢？我们没办法直接计算因子收益和特征收益——我们需要通过对股票基于因子暴露的超额收益进行多变量线性回归，来推断它们的值。注意，每个股票在线性回归当中代表一个数据点，我们必须在每个阶段运行独立的线性回归，如果我们希望在很多阶段间取平均值，我们需要集合所有这些阶段的值到一个训练集里面，并运行一个包含所有阶段的单一回归。

如果线性回归拟合的是多周期 Fama-French 三因子模型，你会发现市值因子回报通常是负的（这意味着小市值股票的表现通常会超过大市值股票），而市净率通常是正的（这意味着价值型股票的表现通常会超过成长型股票）。因为多数股票价格和市场指数是正相关的，所以 beta 因子收益通常是正的。

Fama-French 三因子模型并不严格限定你的因子选择。实际上，你可以构建尽可能多的因子，只要你的创造力允许，并且因子符合逻辑。比如，你可以选择净资产收益率作为一个因子暴露，或者选择股票收益和主要利率的相关性作为另一个因子。你可以选择任何数量的经济、基本面、技术面因子。你选择的因子暴露是不是合乎逻辑，会决定因子模型是否可以充分地解释股票的超额收益。如果因子暴露（以及之后的模型整体构建）选择得很差，那么线性回归拟合会产生很大数值的特征收益，而拟合的统计量 R^2 会很小。根据专家（Grinold 和 Kahn，1999）的结论，一个好的 1000 只股票的月度收益率的 50 个因子的因子模型，R^2 通常可以达至 30% 到 40%。

你可能会觉得这些因子模型通常只有在回看检测中才有解释力。就是说，在知道历史收益和因子暴露的前提下，我们可以计算这段历史时期的因子收益。但是这些历史因子收益，对于我们的交易有什么帮助呢？实际上，通常情况下因子收益是比单只股票收益更加稳定的。换句话说，它们有动量。因此，在正确地选择因子暴露以实现随着时间变化产生的特征收益占比并不大的前提下，你可以假设这些因子的收益和现在的阶段相比（收益值可以从回归拟合中获得），会保持不变。

为了避免可能的混淆，我在这里再进一步解释一下。即使我声明因子模型在进行预测的时候很有用（因子对于交易也很有用）的前提是我们假设因子收益具有动量，这也不意味着因子模型不能够捕捉到股票收益的均值回归特性。实际上，你可以构建可以捕捉均值反转的因子暴露，比如之前阶段收益的负向值。如果股票收益实际上是均值反转的，那么你构建的因子的收益就会是正的。

如果你对构建基于基本面因子的交易模型感兴趣，下面提供一些可以获取到历史因子数据的数据提供商：

- Capital IQ
- Compustat
- MSCI Barra
- Northfield Information Services
- Quantitative Services Group

案例 7.4：使用主成分分析法构建因子模型的案例

之前案例使用的因子暴露通常是经济因子（比如利率）、基本面因子（比如市净率），或者是技术面因子（比如前期收益）。要获取一个较大的股票投资组合的这些因子暴露历史值，从而回测一个因子模型，整个过程所需的费用通常非常高，对于个人投资者来说不太现实。（对于那些有足够财务实力来购买这些数据的人，请参见正文中的数据提供商清单。）然而，有一类因子模型仅仅依赖于股票的历史收益，就可以构建。这类方法就是所谓的主成分分析法（Principal Component Analysis，PCA）。

如果我们使用主成分分析法来构建因子暴露和因子收益，我们必须假设，在进行估测的时间段内，因子暴露是常量（和时间无关）。这个假设可以排除那些代表均值反转或者动量的因子，因为这些因子暴露依赖于之前阶段的收益。更重要的是，我们假设因子收益不相关，也就是说，其协方差矩阵 $[bb^T]$ 是对角矩阵。如果我们使用协方差矩阵 $[RR^T]$ 的特征向量作为矩阵 X 在套利定价理论等式 $R = Xb + u$ 中的列，我们使用基本的线性代数方法，就可以得出 $[bb^T]$ 实际上是对角矩阵；进一步说，$[RR^T]$ 的特征值就是因子收益 b 的方差。但是，如果因子的个数和股票的个数是一模一样的，那么我们当然没必要使用因子分析了——一般我们只能够选择具有最大的特征值的特征向量来构成矩阵 X。我们选取的特征向量的个数，也是你可以用来最优化你的交易模型的参数。

在下面的 MATLAB 程序当中，我会展示一个使用主成分分析法，并应用在标准普尔 600 小市值股票上的可行策略。这个策略基于因子收益具有动量这个假设：它们的值在本阶段到下个阶段的变化中保持不变。因此，我们可以买入基于这些因子具有最高预期收益的股票，并卖出那些具有最低预期收益的股票。你会发现这个策略的平均收益为负值，也就是说明，我们的假设不够准确，或者是因为特征收益占比过大，导致这个策略无效。

```
clear;
% use lookback days as estimation (training) period
% for determining factor exposures.
lookback = 252; numFactors = 5; % Use only 5 factors
% for trading strategy. long stocks with topN expected
1-day returns.
topN = 50;
% test on SP600 smallcap stocks. (This MATLAB binary
% input file contains tday, stocks, op, hi, lo, cl
% arrays.)
load('IJR 20080114');
mycls = fillMissingData(cl);

positionsTable = zeros(size(cl));

% note the rows of dailyret are the observations at
% different time periods
```

```
dailyret = (mycls-lag1(mycls))/lag1(mycls);
for t = lookback+1:length(tday)

    % here the columns of R are the different
    % observations.
R = dailyret(t-lookback+1:t,:)';
    % avoid any stocks with missing returns
hasData = find(all(isfinite(R), 2));
    R = R(hasData,:);


    avgR = smartmean(R, 2);
    % subtract mean from returns
R = R-repmat(avgR, [1 size(R, 2)]);
    % compute covariance matrix, with observations in
    % rows.
covR = smartcov(R');
    % X is the factor exposures matrix, B the
    % variances of factor returns. Use the
    % eigenvectors of covR as column vectors
    % for X.
    [X, B] = eig(covR);
    % Retain only numFactors
X(:, 1:size(X, 2)-numFactors) = [];
    % b are the factor returns for time period t-1
    % to t.
```

```
results = ols(R(:, end), X); b = results.beta;

    % Rexp is the expected return for next period
    % assuming factor returns remain constant.
Rexp = avgR + X*b;
    [foo idxSort] = sort(Rexp, 'ascend');
    % short topN stocks with lowest expected returns
    positionsTable(t, hasData(idxSort(1:topN))) = -1;
    % buy topN stocks with highest expected returns
    positionsTable(t, ..
    hasData(idxSort(end-topN+1:end))) = 1;
end
% compute daily returns of trading strategy
ret = ..
smartsum(backshift(1, positionsTable).*dailyret, 2);
% compute annualized average return of
% trading strategy
avgret = smartmean(ret)*252; % A very poor return!
% avgret =
%
%    -1.8099
```

这个程序使用的一个函数叫作 smartcov，可以基于很多股票的每日矢量矩阵计算矩阵的协方差矩阵。和 MATLAB 的内置函数 cov 不同，这个函数可以忽略那些没有收益的交易日（比如，具有 NaN 值的交易日）。

```
function y = smartcov(x)

% Covariance n of finite elements.

% Rows of observations, columns of variables

% Normalizes by N, not N-1


y = NaN(size(x, 2), size(x, 2));

xc = NaN(size(x));


goodstk = find(~all(isnan(x), 1));


xc(:, goodstk) = ..

x(:, goodstk) - repmat(smartmean(x(:, goodstk),1), ..

[size(x, 1) 1]); % Remove mean


for m = 1:length(goodstk)

    for n = m:length(goodstk)

            y(goodstk(m), goodstk(n))=..

                smartmean(xc(:, goodstk(m)).*..

                xc(:, goodstk(n)));

            y(goodstk(n), goodstk(m)) = ..

                    y(goodstk(m), goodstk(n));

    end

end
```

因子模型在实际交易中的表现如何呢？当然，这在很大程度上取决于我们在研究哪个因子模型。但是我们可以获取一些基本的观察，就是那些以基本面因子和宏观经济因子为主要组成部分的因子模型都存在一个很大的问题——它们使用的因子矩阵和一般投资者使用的对公司进行估值的信息是一样的。因此，这也从另外一个角度说明，因子收益存在动量是因子模型有效的前提。

比如，即使价值因子（市净率）的收益通常是正的，但是也会有一段时间，投资者更加偏好成长股，比如在 20 世纪 90 年代末的互联网泡沫阶段，以及在 2007 年 8 月到 12 月的这个阶段。就像《经济学人》杂志说的，成长股在 2007 年重新受市场欢迎的原因，仅仅是因为投资价值股能获得的溢价已经显著地减小了。另外一个原因是因为美国经济已经减速了，因此投资者越来越希望投资那些仍能够创造持续增加的收益的公司，而不是那些会因为经济衰退而受到损害的公司。

因此，在投资者的估值方式改变的时候，即使时间不长，因子模型也会经历陡峭的回撤。这个现象并不是很少见。但是，这个问题对于任何持有股票隔夜头寸的交易模型，在实践中都是常见的问题。

离场策略

尽管不同交易策略的进场条件会各不相同，策略的离场条件的产生方式却通常没有太多的变化。一般离场的条件会根据以下所列内容中的一种规则制定：

- 固定持仓周期
- 目标价格或者盈利目标
- 最新进场信号
- 止损价

　　规定一个持仓周期是所有策略的默认退出方法，无论策略是动量策略、反转策略，还是一些既可能符合动量也可能符合反转的季节性交易策略（之后会进一步讨论），都是如此。我之前曾说过，动量产生的方式之一就是信息的缓慢扩散。在这种情况下，这个过程会有一个有限的时间。这一有限持续时间的平均值，决定了最优的持仓周期，这个值可以从回测中获得。

　　在决定动量模型的最优持仓周期的过程中，你需要小心的是：就像我之前说过的，由于信息传播的速度越来越快，以及越来越多的交易员可以捕获这样的交易机会，最优持仓周期通常会减短。因此，那些以一周为持仓周期的动量模型，虽然在回测中表现良好，但是到了最新的交易环境下，可能只能够在一天的持仓周期条件下赢利。更差的情况是，整个策略可能会在未来一年内变得无法赢利。同样，使用历史回测来决定交易策略的持仓周期，可能会出现数据过拟合偏差，因为历史数据的交易次数可能是有限的。不幸的是，对于那些由新闻或者事件触发的动量策略，我们没有其他的解决办法。然而，对于均值回归策略，我们有更加稳健的统计方式，可以不依赖于有限的实际交易次数来决定最优的持仓周期。

　　时间序列的均值反转特性，可以通过一个叫作 Ornstein-Uhlenbeck 的公式（Unlenbeck,1930）来建模。比如，我们定义一个均值反转的股票对价差（买入市值减去卖出市值）为 $z(t)$。我们可以获得公式：

$$dz(t) = -\theta(z(t) - \mu)dt + dW$$

　　其中 μ 是这段时间的价格均值，dW 是简单高斯随机噪声。假设时间序列是一个日频价格价差，我们可以很容易得到 θ（和 μ），并且这个过程的对数衰减半衰期等于 $log(2)/\theta$，也就是这个价差从其均值偏离最大程度向均值回复一半所需的预期时间。这个半衰期可以用来决定最优的均值回归策略的持仓周期。因为我们可以使用整个时间序列来决定最优的 θ，而不仅仅在我们发生交易的时候进行决策，因此对于半衰期的估计和直接从交易模型获得相比会更加稳定。在案例 7.5 中，我会针对 GLD 和 GDX 的价差（这也是我们最喜欢的价差）使用这个方法来估计其均值回归的半衰期。

案例 7.5：计算一个均值回归时间序列的半衰期

我们使用案例 7.2 中 GLD 和 GDX 的均值回归价差，来计算其均值回归的半衰期。（代码的前面部分和 example7_2.m 相同。）

```
% === Insert example7_2.m in the beginning here ===


prevz = backshift(1, z); % z at a previous time-step

dz = z-prevz;

dz(1) = [];

prevz(1) = [];

% assumes dz = theta*(z-mean(z))dt + w,

% where w is error term

results = ols(dz, prevz-mean(prevz));theta = results.beta;


halflife = -log(2)/theta


% halflife =


%

%      10.0037
```

运行这个程序可以发现，GLD-GDX 的均值回归半衰期大概是 10 天，这个值也是你持有这个价差，直到你可以获利的大致持仓时间。

如果你相信你交易的证券是均值回归的，那么你可能会有一个现成的目标价格——该证券的历史均值，或者就是 Ornstein-Uhlenbeck 公式中的 μ 值。这个目标价格，可以和半衰期一起作为交易的退出信号（在任一个条件满足时退出）。

如果你有一家公司的基本面估值模型的话，目标价格同样可以在动量策略中使用。但是，因为基本面估值在最佳条件下，也是一个无法准确量化的理论，目标价格无法像均值回归模型一样，在动量模型中轻易地确定。如果使用基于基本面估值的目标价格进行获利是这么容易的一件事就好了，那么所有的投资人需要做的，就是每天查询股票分析师的报告，并依此制定他们的投资决定。

假设你正在运行一个交易模型，并根据其信号开仓了一个交易仓位。一段时间之后，你再次运行这个模型时，如果你发现最新的交易信号的方向和你原有的交易仓位方向相反（比如，最新的交易信号是"买入"，而你目前持有空头仓位），这时你有两个选择：你可以简单地使用最新的信号作为已有仓位的出场信号，平仓了结；或者你可以退出现有的持仓，之后进入一个相反的头寸。在每种方法中你都使用了一个新的、更及时的入场条件，作为你现有持仓的离场条件。这是一个产生策略离场条件常见的方法。在这种方法中，你的交易模型的持仓周期会比最优持仓周期更短。

值得注意的是，这种基于另外一个进场模型而产生离场信号的交易模型，同样也可以告诉我们，是否应该使用止损策略。对于一个动量模型，当一个更新的进场信号和现有的持仓相反的时候，这就意味着市场中动量的方向已经改变了，因此你持有仓位的亏损（或者更准确地说——回撤）

是已经发生了的。退出这个持仓和止损基本上是一样的。但是，与设置一个主观的止损价格，因此引入一个可以调整的新的参数，从而导致数据过拟合问题相比，根据最新的进场信号退出交易，对于动量策略很明显是更加合乎逻辑的。

在我们运行一个反转策略的时候，也可以考虑一个相似的情形。如果现有的持仓发生了损失，那么再次运行反转策略，策略实际上会再次产生一个新的具有相同交易方向的信号。因此，一个反转模型的进场信号是从来不会推荐止损的。（相反，反转策略可以建议一个目标价格或者止盈条件，当反转程度很大，以至于达到了反向的开仓阈值时，策略会建议你退出交易。）因此，实际上，对于反转模型的交易建议，我们根据模型的持仓周期或者止盈条件进行离场交易，比根据其建议的止损信号进行离场要更加合理，因为在这种条件下，止损意味着你会在所有情形中最糟糕的情况下离场。（唯一的例外是，当尔相信市场由于最新的消息，突然进入了动量状态时。）

季节性交易策略

这类交易策略通常也叫作日历效应（Calendar Effect）。一般来说，这类策略建议你在每年的固定时间买入或者卖出特定的证券，并且在另外一个特定的时间平仓了结。股票市场以及商品期货市场都可以应用这类策略。然而，从我的个人经验角度来讲，股票市场中的大部分季节性特征在近些年都已经减弱甚至消失了，可能是因为大家都知道这样的交易机会的存在，但是在商品市场中的季节性交易仍然是可以赢利的。

最著名的股票市场中的季节性交易，叫作一月效应（January Effect）。这种交易有很多方式。一种方法指出，在之前一个日历年度，投资收益最差的小盘股股票，将比那些在前一个日历年度收益最高的小盘股股票，在新的一年的一月中表现更好（Singal，2006）。这个交易策略背后的逻辑是，投资者喜欢在十二月卖出他们最亏钱的股票，在亏损抵税方面获益，从而对这些股票产生额外的卖压。当这个卖出压力在一月份消失的时候，这些股票的价格会有一定程度的反弹。这个策略在2006—2007年并不奏效，但是在2008年1月份表现得特别好，这个月份也是均值回归策略表现最好的一个月份。（在这个一月份中，我们遇上了法国兴业银行的巨额交易丑闻，这个事件很可能间接导致了美联储不得不在市场开盘之前，紧急进行了75个基点的降息。市场的慌乱严重影响了很多动量策略，但是均值反转策略却在从最初的市场急速下跌到之后美联储的大规模救市的过程当中获利丰厚。）下面的案例7.6是回测一月效应的代码。

案例7.6：回测一月效应

下面是用来计算在标准普尔600小市值股票上，基于一月效应制定的交易策略所能产生的收益的代码。

```
clear;

load('IJR 20080131');
onewaytcost = 0.0005; % 5bp one way transaction cost


years = ..
year(cellstr(datestr(datenum(cellstr(..
num2str(tday)), 'yyyymmdd'))));
months = ..
```

```
month(cellstr(datestr(datenum(cellstr(..
num2str(tday)), 'yyyymmdd'))));

nextdayyear = fwdshift(1, years);
nextdaymonth = fwdshift(1, months);

lastdayofDec = find(months == 12 & nextdaymonth == 1);
lastdayofJan = find(months == 1 & nextdaymonth == 2);

% lastdayofDec starts in 2004,
% so remove 2004 from lastdayofJan
lastdayofJan(1) = [];% Ensure each lastdayofJan date
after each
% lastdayofDec date
assert(all(tday(lastdayofJan) > tday(lastdayofDec)));
eoy = find(years ~= nextdayyear); % End Of Year indices

eoy(end) = []; % last index is not End of Year

% Ensure eoy dates match lastdayofDec dates
assert(all(tday(eoy) == tday(lastdayofDec)));
annret = ..
(cl(eoy(2:end),:)-cl(eoy(1:end-1),:))./..
cl(eoy(1:end-1),:); % annual returns
janret = ..
```

```
(cl(lastdayofJan(2:end),:)-
cl(lastdayofDec(2:end),:))./cl(lastdayofDec(2:end),:);
% January returns


for y = 1:size(annret, 1)
    % pick those stocks with valid annual returns
    hasData = ..
    find(isfinite(annret(y,:)));
    % sort stocks based on prior year's returns
    [foo sortidx] = sort(annret(y, hasData), 'ascend');
    % buy stocks with lowest decile of returns,
    % and vice versa for highest decile
topN = round(length(hasData)/10);
    % portfolio returns
    portRet = ..
    (smartmean(janret(y, hasData(sortidx(1:topN))))-..
    smartmean(janret(y, hasData(..
    sortidx(end-topN+1:end)))))/2-2*onewaytcost;
        fprintf(1,'Last holding date %i: Portfolio
return = %7.4f\n', tday(lastdayofDec(y+1)), portRet);
end
% These should be the output
% Last holding date 20051230: Portfolio return = -0.0244
% Last holding date 20061229: Portfolio return = -0.0068
% Last holding date 20071231: Portfolio return = 0.0881
```

这个程序中使用了一些函数程序。第一个是判断函数，它对于确保程序如预期一样运行是非常有用的。

```
function assert(pred, str)
% ASSERT Raise an error if the predicate is not true.
% assert(pred, string)

if nargin<2, str = '    '; end
if ~ pred
    s = sprintf('assertion violated: %s', str);
    error(s);
end
```

第二个是 dwdshift 函数，这个函数和 lag1 函数的功能正好相反：这个函数将时间序列向前移动一步。

```
function y = fwdshift(day,x)
assert(day >= 0);

y = [x(day + 1:end, :, :); ..
NaN*ones(day, size(x,2), size(x, 3))];
```

另外一个在股票市场上的季节性交易策略是最近提出的（Heston 和 Sadka，2007）。这个策略很简单：每个月买入在一年前同一个月份表现最好的股票，同时卖空在一年前同一个月份表现最差的股票。在 2002 年之前，这个策略的平均年化收益（不包括手续费）可以达到 13%。然而，我发现这个效应在之后就消失了，你可以在案例 7.7 中自己检查。

这里提供了一个我之前提到的年同比季节性趋势策略的 MATLAB 代码。注意，这个数据包含幸存者偏差，因为它是基于 2007 年 11 月 23 日的标准普尔 500 指数计算的。

```
clear;

load('SPX 20071123', 'tday', 'stocks', 'cl');
% find the indices of the days that are at month ends.
monthEnds = find(isLastTradingDayOfMonth(tday));
monthlyRet = ..
(cl(monthEnds, :) - lag1(cl(monthEnds, :))./..
lag1(cl(monthEnds, :));
mycl = fillMissingData(cl);


% sort stocks by monthly returns in ascending order
[monthlyRetSorted sortIndex] = sort(monthlyRet, 2);
% these are the sorted monthly returns of the
previous year
prevYearMonthlyRetSorted = backshift(12,
monthlyRetSorted); % the sort index of the
previous year
prevYearSortIndex = backshift(12, sortIndex);
positions = zeros(size(monthlyRet));
```

```
for m = 13:size(monthlyRet, 1)
    hasReturns = . . .
    isfinite(prevYearMonthlyRetSorted(m, :)) & ..
    isfinite(cl(monthEnds(m - 1), :));
    mySortIndex = prevYearSortIndex(m, hasReturns);

    % take top decile of stocks as longs,
    % bottom decile as shorts
topN = floor(length(mySortIndex)/10);
    positions(m-1, mySortIndex(1:topN)) = -1;
    positions(m-1, ..
        mySortIndex(end - topN + 1:end)) = 1;
end


ret = smartsum(lag1(positions).*monthlyRet, 2);


avgannret = 12*smartmean(ret);
sharpe = sqrt(12)*smartmean(ret)/smartstd(ret);
fprintf(1, ..
'Avg ann return = %7.4f Sharpe ratio = %7.4f\n', ..
avgannret, sharpe);
% Output should be
% Avg ann return = -0.9167 Sharpe ratio = -0.1055
```

这个程序包含几个功能函数。第一个是 LastTradingDayOfMonth，其会返回一个逻辑数组 1s 和 0s，即指出一个数组中的交易日是否是一个月的最后一个交易日。

```
function isLastTradingDayOfMonth=..
isLastTradingDayOfMonth(tday)
% isLastTradingDayOfMonth =
% isLastTradingDayOfMonth(tday) returns a logical
% array. True if tday(t) is last trading day of month.

tdayStr = datestr(datenum(num2str(tday), 'yyyymmdd'));
todayMonth = month(tdayStr);

tmrMonth = fwdshift(1, todayMonth); % tomorrow's month

isLastTradingDayOfMonth = false(size(tday));

isLastTradingDayOfMonth(todayMonth~=tmrMonth & ..
    isfinite(todayMonth) & isfinite(tmrMonth)) = true;
```

另外一个是 backshift 函数，其和 lag1 函数很像，除了你可以指定移动的周期数，而不是仅仅移动 1 个周期。

```
function y = backshift(day,x)
% y = backshift(day,x)
assert(day >= 0);
y = [NaN(day, size(x, 2), size(x, 3)); x(1:end-day, :, :)];
```

你可以尝试检测最近 5 年，而不是整个数据时段，你会发现策略的平均收益会更差。

与股票季节性策略不同，商品期货的季节性策略仍然可以使用，而且表现不错。这可能是因为对于某些商品的季节性需求是由"真实"的经济需求而不是投机因素驱动的。

最直观的一个商品季节性策略就是汽油期货交易：在每年 4 月中旬前后，买入 5 月份到期的汽油期货，并在 4 月底卖出。这个交易从写本书时的 2008 年 4 月看，已经连续 11 年赚了钱（更多细节见附加内容）。看起来，你总可以利用即将到来的北美夏季驾车季节会在春天推高汽油期货价格这个规律。

一个汽油期货的季节性交易策略

当夏季驾车季节到来的时候，汽油期货价格会季节性地上涨，这是很正常的。交易者需要决定的唯一问题是：买入哪个月份的合约，并且持仓多久。在阅读相关的文献之后，我目前能够找到的最好交易，是在 4 月 13 日收盘的时候买入一份 RE 合约（在纽约商业交易所上市的无铅汽油期货合约），并在 4 月 25 日收盘的时候卖出（如果该天是假日，就在前一交易日卖出）。历史上看，我们从 1995 年以来，每年都可以获利。表 7.1 显示的是每年的损益情况和持仓经历的最大回撤（根据第一个交易日，即入场点计量，2007 年和 2008 年的数据为真实交易）。

表 7.1　汽油期货季节交易策略的历年损益情况

年份	损益（美元）	最大回撤（美元）
1995	1037	0
1996	1638	-2226
1997	227	-664
1998	118	0
1999	197	-588
2000	735	-315
2001	1562	0
2002	315	0
2003	1449	-38
2004	361	-907
2005	6985	-25
2006	890	0
2007*	2286	-9,816
2008*	4741	0

* 真实交易结果是按照 2 份 QU 合约展示的。

对于希望承担更小风险的投资者，你可以买入纽约商业交易所的迷你汽油期货 QU，其合约规模是 RB 的一半，尽管这个合约不太活跃。

这个研究来自于 PFGBest 网站的保罗·卡瓦诺（Paul Kavanaugh）的每月季节性交易公告。你可以阅读他的文章，或者关于其他的季节性期货交易策略的内容，比如 Fielden（2005）或者 Toepke（2004）。

除了对于汽油的需求，对天然气的需求同样会在夏天升高。这是因为，发电厂需要更多的天然气来为夏天的各类空调设备提供电力。因此，另外一个天然气的季节性交易，到写作本书时，已在过去 13 年连续保持赢利：在 2

月底买入 6 月到期的天然气合约，然后在 4 月中旬卖出（再次见附加内容）。

一个天然气期货的季节性交易策略*

由于发电厂需要更多的天然气来为空调制冷提供电力，夏季同样是一个天然气需求增加的季节。这样，如果我们在 2 月 25 日收盘时（如果是假期，就在下一个交易日）买入纽约商业交易所上市的 6 月到期的天然气期货（代码：NG），并持有到 4 月 15 日（如果是假期，就在前一个交易日）卖出。截至写本书的时候，这个交易已经连续赢利了 13 年。表 7.2 是这个交易策略的每年损益以及交易的最大回撤，包括回测和真实交易。

表 7.2　天然气期货的季节性交易策略损益情况

年份	损益（美元）	最大回撤（美元）
1995	1970	0
1996	3090	-630
1997	450	-430
1998	2150	-1420
1999	4340	-370
2000	4360	0
2001	2730	-1650
2002	9860	0
2003	2000	-5550
2004	5430	0
2005	2380	-230
2006	2250	-1750
2007	800	-7470
2008**	10137	-1604

** 真实交易结果是按照 4 份 QG 合约展示的。

天然气期货是臭名昭著的波动巨大的合约，我们也见过很多对冲基金因为天然气期货产生了巨亏（比如，不凋花基金亏损了60亿美元），大型银行也发生过巨亏（比如，蒙特利尔银行损失4.5亿美元）。因此，如果想尝试天然气期货交易，你必须要小心——比如我们可以使用小型的期货合约QG，以此来缩减我们使用的资金，其合约规模是NG合约的一半。

* 这篇文章来自于我的网站的订阅区，并更新了最新的数字。网站登录的用户名和密码都是"sharperatio"。

商品期货的季节性交易策略虽然可以持续赢利，但是会在交易过程中经历比较大的回撤：这类策略每年只能交易一次，因此，你很难说明回测结果是否存在数据过拟合偏差。通常，一个可以减少这个问题的方法就是我们尝试不同的进场时间和离场时间，来看策略赢利能力是否可以保持。除此之外，我们可以考虑在这样的交易中，季节性是否存在经济意义。汽油期货和天然气期货的交易策略在这方面是符合要求的。

高频交易策略

一般来说，如果高夏普比率是你的交易策略的目标（根据我第六章的观点，这应该是你的合理目标），那么你应该有更高的交易频率，而不是持有股票过夜。

什么是高频交易策略？为什么高频交易策略会有更高的夏普比率？很多高频交易的专家会认为，那些持仓超过几秒的策略，并不是高频交易策略，但在这里，我将会使用更宽泛的定义，将那些不持有隔夜头寸的交易策略都归入高频交易策略的范畴。很多早期的高频交易策略都是应用在外汇市场的，之后应用在期货市场，因为这些市场的流动性非常充裕。在过去六七年里，随着股票市场的流动性越来越好，以及可以获取到的股票的高频交易历史数据越来越多，加上不断增强的计算机算力，这类策略也在股票市场中越来越常见。

这类策略有很高的夏普比率的原因是很简单的：基于"大数定律"，你进行更多的押注，你经历的偏离均值收益的偏差就会更小。在高频交易中，你可以每天上百次押注，甚至可以每天上千次押注。因此，如果策略是合理的，并且可以产生正的收益，那么你可以预期每天对其收益均值的偏离就会很小。在这样高的夏普比率的条件下，你可以比其他长期交易策略使用高很多的杠杆，而这个较高的杠杆会将你的策略的资金回报提升到一个非常高的水平。

当然，大数定律并不能解释为什么一个高频交易策略会有很高的正收益。实际上，我们确实很难解释为什么一般来说高频交易策略都是赢利的，因为这样的基金管理者以及这样的策略都很多。其中一些是均值回归策略，其他的是趋势追踪策略。其中一些是市场中性策略，而其他的是单边方向性策略。一般来说，这些策略的目标是利用市场中的微小的无效性，或者通过收取小的费用来提供临时的流动性。高频交易策略和押注宏观经济趋势，或者公司基本面的交易策略不同。

低频的交易策略经历的市场环境，可能会在交易周期内发生一些改变，而高频交易策略依赖的是市场无效性或流动性需求，这些因素是任何交易日都存在的，因此使得交易策略可以持续赢利。进一步说，高频交易一般交易的证券手数都是合理的。因为不存在大额的未平仓头寸，高频交易投资组合的风险管理也是相对简单的：在遇到亏损的时候，"降低杠杆"可以非常快地进行，并且在遇到特别危险的情况时，你可以完全停止交易，并清空持仓，只持有现金。这些策略可能遇到的最坏的情况就是，这些策略被越来越多地使用，最后由于收益逐渐下降而宣告死亡。突然的大幅亏损不太可能发生，不同账户间的传染性损失也不会发生。

尽管成功的高频交易策略非常依赖于数学技巧，但是当你的平均持仓周期下降到分钟级别，甚至是秒级别之后，你是很难去回测这样的策略的。交易成本在检测这类策略的过程中非常重要。不加入交易成本，最简单的策略也可以在高频环境下赢利。作为结果，只有最新价格的历史高频数据是不够用的——你需要有买盘价、卖盘价、最新价的数据，来发现买盘价或者卖盘价成交的概率。有时候，你甚至需要历史订单簿来作为回测的信息。通常，你只有进行实盘交易，才可以真实检测这样的交易策略，除非你有一个非常复杂的交易模拟器。

在高频交易世界中，回测只是一个很小的部分。高频交易策略的执行成本，会占据实际收益和损失中的非常大的一部分。专业的高频交易公司，需要用 C 语言来写交易策略，而不是其他的更加用户友好的编程语言，并且需要将服务器放在交易所旁边，或者是互联网主干线旁边，从而减少毫秒级别的延迟。所以虽然策略的夏普比率很吸引人，并且交易回报非常高，但实际上高频交易无论如何也不是一个个人独立交易者可以很简单地在一开始就能够轻松实现的交易方式。但是，随着你的水平提高，以及资源更加丰富，你没有理由不逐渐向着这个目标靠近。

持有一个高杠杆投资组合好，还是持有一个高 beta 值投资组合好

在第六章中，我们讨论了如何基于凯利公式找出一个投资组合的最优杠杆比率。在这章前面的关于因子模型的讨论当中，我们讨论了 Fama-French 三因子模型，该模型认为投资组合（或者一个股票）的收益与它的 beta 值正相关（如果我们认为股票的市值和公司账面价值保持不变）。换句话说，你可以通过提高你投资组合的杠杆，或者 beta 值（通过选择高 beta 值股票），来提高你的投资组合的收益。这两种方法看起来都合情合理。实

际上，当我们同时面对一个低 beta 值的投资组合和一个高 beta 值的投资组合时，我们很容易在低 beta 值的投资组合上使用更高的杠杆，这样可以提高这个投资组合的 beta 值，达到和之前的高 beta 值投资组合相同的回报。根据 Fama-French 三因子模型，假设两个股票投资组合的股票具有相同的市值和账面价值，那么这两个投资组合的平均回报也应该相同（忽略特征收益，随着我们增加投资组合中的股票个数，特征收益的重要性会下降）。因此，我们是否会觉得持有哪个投资组合都是无差异的呢？

答案是否定的。在第六章中，当我们使用凯利杠杆率的时候，一个投资组合的长期复合增长率，与夏普比率的平方正相关，而不与平均收益相关。因此，如果两个假设的投资组合有相同的平均收益，那么我们应当倾向于选择具有更低风险，或者说更小的标准差的投资组合。实证研究已经发现，一个具有较低 beta 值股票的投资组合，一般具有更低的风险，因此会有更高的夏普比率。

比如，在文章《风险平价投资组合》（*Risk Parity Portfolios*）中（未公开），PanAgore 资产管理公司的爱德华·钱（Edward Qian）博士指出，典型的股票和债券之间的 60:40 的资产分配比例不是最优的，因为其持有的风险资产（在这个案例中就是股票）的比重过高。取而代之，为了实现更高的夏普比率，同时又保持 60:40 投资的相同风险水平不变，钱博士建议持有一个 23:77 的投资组合，同时为整个投资组合获取 1.8 倍的杠杆。

不知道为什么，整个市场一直在低估高 beta 值的股票。因此，在选择持有高 beta 值股票还是低 beta 值股票投资组合的时候，我们通常喜欢持有低 beta 值股票的投资组合，之后我们可以通过增加杠杆，来使投资组合达到最大复合收益率。

这里有一点需要注意。之前所有的分析都是基于投资收益的分布为高斯分布而做出的（见第六章关于这个问题的讨论）。因为实际的收益分布具有肥尾特性，所以你应当小心，避免在低 beta 值股票上使用过高的杠杆。

本章小结

本章的大部分内容是关于一种特别的量化交易策略的，这一策略在量化交易行业被叫作统计套利（Statistical Arbitrage）。除了这个看似厉害的名字，统计套利实际上比交易衍生品（比如期权），或者固定收益投资工具这样的在概念和计算上都很复杂的品种，要简单很多。我描述了大部分统计套利的标准工具：均值反转和动量，市场状态切换，平稳和协整，套利定价理论或者因子模型，季节性交易模型，以及最后描述的高频交易。

一部分值得注意的重要知识点可以总结如下。

- 均值反转市场状态比趋势市场状态更加常见。
- 在回测均值反转策略的时候，有一些需要注意的数据问题。
- 趋势市场状态通常是由于新闻的传播、大型机构交易订单的执行，或者"羊群效应"引起的。
- 交易者之间的竞争，通常会缩短趋势交易策略的最优持仓时间。
- 市场状态变化，有时候可以用数据挖掘方法配合一定数量的输入特征来检测。
- 平稳价格序列很适合进行均值反转交易策略。
- 两个或者多个非平稳的价格序列可以组合成一个平稳的价格序列，只要它们符合"协整"条件。
- 协整和相关是不同的概念：协整是描述两个或者多个股票的价格的长期表现，而相关性则是股票的收益的短期特征。
- 因子模型或者套利定价理论，通常是用于构建基本面因子如何线性地影响股票收益的模型。

- 最著名的因子模型是 Fama-French 三因子模型，其指出，beta 值和市净率因子的收益通常是正的，市值因子的收益通常是负的。
- 因子模型通常有较长的持仓周期，并由于市场状态的变化，有较长的回撤周期。
- 均值反转策略的退出信号和动量策略的不同。
- 对均值反转策略的最优持仓周期的估计可以非常稳定，可以使用 Ornstein-Uhlenbeck 公式。
- 对动量策略的最优持仓周期的估计，由于交易次数可能过少，容易出错。
- 价格止损对于动量策略比较适合，而不适用于均值反转策略。
- 股票的季节性交易策略（比如日历效应）在近些年变得不再赢利。
- 有些商品期货的季节性交易策略可以持续赢利。
- 高频交易策略依赖于"大数定律"，从而可以获得较高的夏普比率。
- 高频交易策略通常由于它们很高的夏普比率，可以产生最高的长期复合资金增长率。
- 高频交易策略非常难以回测，并且在交易执行中非常依赖技术。
- 持有一个高杠杆的低 beta 值股票组合，可以比持有一个低杠杆的高 beta 值股票组合 产生更高的长期复合资金增长率。

　　大部分统计套利策略通常是这些效应或者模型的组合：它们能否赢利，更多地取决于在哪里以及什么时候应用它们，而不是它们是否在理论上是正确的。

第八章

个人量化交易者
赢利的基本逻辑

个人量化交易者为什么能成功

2007 年夏天，大量的、由著名投资经理管理的对冲基金在短短几天内遭受了数以十亿计美元的亏损（虽然其中一些在当月月底收回了损失），量化交易因此变得臭名昭著。这让人们回忆起了其他的一些著名的对冲基金破产，诸如长期资本管理公司和不凋花基金（这两个机构都在第六章讨论过），只是这次不是来源于一个交易员或者一个公司，而是好多基金在短时间内同时发生亏损。

但是，自从我在量化交易机构开始了量化交易生涯之后，我就告诉过大量小资金的个人独立交易者，在一个破旧的办公室或者自己的卧室里面工作，并年复一年获取到小额但是既持续又可增长的收益，并不像大家对那些典型的无畏的日内交易员的想象那样疯狂和有风险。实际上，很多我认识的个人独立交易者，不仅在大型基金亏损数十亿美元的时候活下来了，并且实际上在那个时候还获利丰厚。这对我来说，是对交易这个行业的一个持续多年的疑惑：这些没有大额资金、交易硬件简陋的个人独立交易者，是如何获取到如此高的夏普比率的？而同时，那些大公司的明星团队，为什么却大幅亏损呢？

在 2006 年初，我离开了资产管理机构的工作岗位，开始自己的独立交易生涯，用我自己的一手经验，去寻找这个问题的答案。我觉得，如果在摆脱了所有机构的投资限制和公司政治之后，我还是不能赢利，那么要么是通过交易赢利本身就是骗局，要么是我不是做交易员的料。不管是哪种原因，我向自己发誓，如果真的无法赢利，我就永远离开交易这个行业。幸运的是，我幸存了下来。在这个过程中，我发现了我之前对于交易疑惑的答案。

这个答案实际上就是容量——我在第二章介绍的一个概念。（为了帮助读者回忆，这里再重申一下：容量是一个策略可以产生比较好的收益的最大承载资金量。）在操作 10 万美元的账户时，你会发现这会比操作 1 亿美元的账户并产生较高的夏普比率要容易得多。有大量简单并且可以赢利的策略可以在低容量时赢利，但却完全不适合大资金量的对冲基金。这就是像我们这样的个人独立交易者可以赢利的空间。

下面让我进一步讨论容量这个问题。多数赢利的但是容量较低的策略，实际上是在充当做市商：当市场需要流动性的时候，向市场提供流动性，并在流动性需求消失的时候，快速获取利润。但是，如果你有数十亿美元的资金需要管理，你实际上变成了需要流动性的一方，并且你需要为获取流动性付费。为了减少获取流动性的成本，你需要更长时间地持有头寸。当你长时间持有头寸的时候，你的投资组合就会受到宏观经济情况改变的影响（比如市场状态变化），这些变化会对你的投资组合有害。尽管如果模型合理，你仍然可以长期保持赢利，但是你不能够避免偶尔的陡峭回撤，而这些回撤很可能让你上报纸头条。

大型投资机构喜欢的大容量策略，还受到其他一些不利因素的影响。大型基金间高强度的竞争，意味着策略的赢利性会变弱。由于收益变低，这反而会导致基金经理持有更高的杠杆。为了在竞争中获胜，交易员需要使用越来越复杂的模型，这反而会导致数据过拟合偏差。但是除了模型越来越复杂，他们想要去利用的市场无效性的基本内容，却保持不变，因此，最终，这些交易员的投资组合可能还是持有非常相似的头寸。我们在第六章讨论了这个现象。当市场环境改变的时候，相同的亏损头寸可能会导致踩踏（历史上也发生过），造成整个市场完全崩溃。

另外一个个人独立交易者可以成功的原因，是因为在大型机构的投资管理环境中，会有大量的限制。比如，作为一个供职于量化基金的交易员，你会被限制不能交易纯多头策略，但是纯多头策略通常更容易被发现，更简单，同时赢利性也更强，并且如果交易的规模较小，风险也不会比市场中性策略大。或者你会被禁止交易期货。你可能会被要求不仅仅要市场中性，并且还要行业中性。你可能会被要求去研发趋势性策略，但是你这个时候实际上知道一个可以赚钱的均值反转策略。这些问题不胜枚举。这里面很多的限制都是由于风险管理的原因，但是其他的原因可能仅仅是由于管理者的临时起意、随意的决策或者是偏见。就像每一个学过数学最优化的学生都了解的，在最优化问题上施加的任何限制，都会降低最优化目标的数值。同样，每一个机构对交易策略施加的限制，都倾向于降低策略的收益，也很可能会降低夏普比率。最后，一些在量化投资基金中管理一线投资组合经理的资深管理者，实际上很可能在量化交易的前沿技术上并不太精通，他们倾向于仅仅依赖于老旧的量化理论来制定决策。

当你的交易策略展示出潜在的赢利能力，这些管理者可能会给你很大的压力，让你迅速增加策略的交易规模，而当你的策略开始亏损的时候，他们又很可能要求你清仓你的投资组合，并立刻放弃这个策略。在量化投资过程中，上述的任何一项人工干预，都不是数学上最优的。

除此之外，这样的管理者经常有易变的脾气，而这些因素往往和量化投资管理不匹配。当亏损发生时，理性通常是第一个消失的。

作为一个个人独立交易者，你可以不受这些限制和干预的影响，并且只要你自己在情绪上适合遵循量化交易的纪律，你的交易环境实际上会比在大型基金工作更接近最优。

实际上，这里有一个原因，可以解释为什么对冲基金会比个人独立投资者更容易破产。当你交易他人的资金时，你的收益几乎是无上限的，而你的下限则仅仅是被开除。因此，除了形式上遵循机构严格的风险管理流程和限制，你实际上会更倾向于在机构投资环境下，持有更大的风险，只要你可以得到风控经理的批准。而且法国兴业银行的热罗姆·凯维埃尔先生（Jerome Kerviel）已经展示出来，这事其实并不难。

这个事件导致法国兴业银行亏损了 71 亿美元，并且很可能间接导致了美联储紧急在美国进行降息。这家银行的内部控制并没有发现这个魔鬼交易员持续了三年的违规行为，因为凯维埃尔先生在后台工作过，他对于如何逃避内部审查机制（Clark，2008）非常了解。

实际上，凯维埃尔先生的欺诈技巧并不是独此一份。当我在一家大型投资银行工作的时候，里面有两个自营交易员进行量化交易。他们在交易大厅一角的一个玻璃墙的、封闭的工作室里面工作，其原因或者是因为他们不想被其他非量化交易员的慌乱和吵闹影响，或者是他们必须要保守他们的交易秘密——如果有秘密的话。就我所知，他们从来没有和其他人说过话。他们好像也没有和彼此说过话。

有一天，其中一个交易员不见了，再也没有回来。不久之后，大批的审计员搜遍了他的文件和电脑。其结果和凯维埃尔先生很像，这个交易员曾经在信息技术部门工作过，是个十足的计算机老手。他成功地构建出数百万美元的虚假盈利，且没有人质疑他，直到有一天，由于一台电脑不知道为什么崩溃，停止了他的运行中的虚假程序，而暴露了他的行为。据小道消息，他溜到了国外，过上了非常不错的生活。

因此现在你明白了。我希望我之前讲的内容有足够的说服力可以说明，个人独立交易者实际上可以建立比机构投资者更好的优势，只要你的交易按照交易纪律执行，并足够仔细。当然，作为个人独立交易者的好处还有很多，首先就是自由。对我个人而言，我对我现在的工作环境比我之前职业生涯的任何时候都更加满意，除了一些不可避免的时不时发生的市场回撤的时候之外。

个人量化交易者的进阶之路

假设你已经发现了一些好的、简单的交易策略，并且可以在你的卧室开心地进行交易。那么下一步你需要做什么呢？你如何成长呢？

实际上，我在第六章讨论了成长的内容，但是讨论得比较有限。使用凯利公式，你可以实现你的资金的指数增长，但是这依赖于你的策略的整体能力。在此之后，我们需要从增加策略的数量的角度，来获得新的增长。比如，你可以寻找交易频率比你现有策略更高的策略。为了实现这一目标，你必须要投资和升级你的交易硬件设施，并购买一些更贵的高频历史数据。或者相反，你可以寻找持仓周期更久的策略。尽管这类策略的夏普比率更低，但是加入这些策略，可以大大增加你的策略的资金容量。对于很多这样的策略，你可能需要投资一些比较贵的历史基本面数据来进行回测。如果你是一个股票交易者，你可以开始进行期货或者外汇交易，这些交易一般比股票模型有更大的资金容量。如果你缺乏交易灵感，或者缺乏对你想进入的新的交易市场的理解，你可以和其他具有相似想法的交易员合作，或者你可以雇用一些咨询师来辅助你研发。如果你需要自己手动管理太多的交易策略，这会要求你想办法进一步自动化，从而使你没有必要手动干预每天的交易工作，除非策略运行异常或者出现问题。当然，你可以雇用一个交易员来为你监控所有的策略。

对于数据、硬件设施和人员的投资，都是将你的投资收益再投资的一部分，从而进一步扩大你的交易规模，这个增长模式和其他类型的生意是一样的。当你的资金容量达到凯利公式建议合理使用的规模以上的时候，这可能就是你开始吸收外部投资者的时候了。外部投资者即使不给你投资管理费，也可以帮你分担一部分硬件设施成本。或者，你可以将你的策略（或者更重要的是你的历史业绩）带给大型对冲基金，并签订一个分享收益的合同。

在最近量化对冲基金发生了较大的亏损之后，很多人开始怀疑量化交易是否长期有效。尽管量化交易策略无效的观点在现在越来越普遍，但是从个人独立交易者的角度来看，目前并不是这样。一旦你自动化了你交易的所有方面，并且你的资金可以以指数级增长，你是不是就可以高枕无忧、放松，并享受你的财富呢？不幸的是，经验告诉我们，一个策略会随着时间推移，由于有越来越多的交易者使用它们而逐渐失去其效力。因此，你必须持续地研究，以找到新的策略。

每隔十年，市场就会发生一些转变和规律性的改变，但是这并没有导致某种策略的突然死亡。就像任何企业一样，经历一段时间的快速增长之后，无法避免地要经历一段时间的成熟调整阶段，在这个阶段你需要面对较低的投资回报。然而，只要金融市场对于即刻流动性还有需求，量化交易就总有赢利的空间。

附录

MATLAB 极简教程

MATLAB 是一个通用的软件包，由 Mathworks 公司开发，主要被很多量化投资机构和交易员用于量化研究和历史回测，特别适用于统计套利领域的工作。在第三章中，我介绍了这个工具，并对比了其和其他软件工具间的优势和劣势。本书中使用的多数案例都是由 MATLAB 代码编写的。很多投资组合交易的策略涉及数百只股票，这使得在 Excel 中进行回测会十分困难。因此，我这里提供一个 MATLAB 的简单介绍，帮助那些对这个工具不熟悉的交易者，这样你就可以了解，你是不是值得投资购买并学习这个工具，来自己进行回测。

MATLAB 不仅仅是一个编程语言，它还是一个集成的开发环境，包括很多用户友好的代码编辑器和代码错误检测器。它是一个集成语言，这意味着它和 Visual Basic 很像，而和传统的比如 C 这样的编程语言不同。运行前，它并不需要编译。因此它更加灵活，也比使用 Excel 或者 Visual Basic 进行历史回测更加强大，因为你可以利用它内部的大量内置函数来进行数学计算，并且因为这是一个数组处理语言，它在计算数组（比如矢量数组和矩阵）的时候有特殊的设计，因此计算过程可以非常简单和快速。特别的，在 C 和 Visual Basic 当中，你需要写很多循环语句，而在 MATLAB 中，你只需要一行代码就可以实现这个目的。它也包含了大量的文本处理工具，比如它有一个非常有用的工具，可以识别并分析文本（比如网页）。进一步说，它也有丰富的图形库，可以简单地画出很多种类的图形，甚至是动画。（本书中使用的很多图形和图表是由 MATLAB 创建的。）最后，MATLAB 的代码可以被编译成 C 或者 C++ 执行语言，因此可以在没有安装 MATLAB 的计算机上使用。实际上，也有第三方软件可以将 MATLAB 转换成 C 的源代码。

MATLAB 的基本语法和 Visual Basic 或者 C 很像。比如，你可以初始化数组 x 中的元素，方法如下：

```
x(1) = 0.1;
x(2) = 0.3;
% 3 elements of an array initialized.
% This is by default a row-vector
x(3) = 0.2;
```

注意，我们不需要事先"声明"这个数组，也不需要告诉 MATLAB 数组的预期大小。如果你忘记写分隔符";"，MATLAB 会打印出变量被赋予的具体值。任何注释都可以写在"%"符号后面。如果你需要，你可以一次性将数组中大量的元素的值初始化为一个常数：

```
% assigning the value 0.8 to all elements of a 3-vector y.
This is a row-vector.y = 0.8*ones(1, 3)
```

现在，如果你想要将两个矢量数组相加，那么你可以按照传统的方法（就像在 C 中一样），使月一个循环：

```
for i = 1:3
    z(i)=x(i) + y(i) % z is [0.9 1.1 1]
end
```

量化交易从入门到精通

MATLAB 的一个强大功能就是，你可以按照并行的方法简洁地处理很多数组计算，而不使用循环。（这就是它被叫作矢量处理语言的原因。）因此，不使用循环，你可以直接写：

z = x + y % z is the same [0.9 1.1 1]

更强大的是，你可以很容易地选择不同数组的不同部分，并进行操作。你认为下面的代码会产生什么结果？

w = x([1 3]) + z([2 1])

x([1 3]) 选择了 x 的第一个和第三个元素，因此 x([1 3]) 就是 [0.1 0.2]。z([2 1]) 选择了 z 的第二个和第一个元素，因此 z([2 1]) 是 [1.1 0.9]，w 是 [1.2 1.1]。

你可以很简单地删除序列的一部分：

x([1 3]) = [] % this leaves x as [0.3]

连接两个数组也很简单。如果要按行连接，你需要使用符号 ";" 来分隔数组：

u = [z([1 1]); w]
% u is now
% [0.9000   0.9000;
% 1.2000   1.1000]

如果要按列连接，则不要输入 ";"：

v = [z([1 1]) w]
% v is now

% [0.9000　　0.9000　　1.2000　　1.1000]

选择一个数组的子数组的操作，不仅可以通过包含索引值的数组完成，也可以通过包含逻辑值的数组完成。比如，这里有一个逻辑数组：

vlogical = v<1.1

% vlogical is [1 1 0 0], where the 0s and 1s

% indicate whether that element is less than 1.1 or

% not.

vlt = v(vlogical) % vlt is [0.9 0.9]

实际上，我们可以选择相同的子数组，仅通过简单的缩写：

vlt = v(v<1.1) % vlt is the same [0.9 0.9]

如果因为一些原因，你需要 v 中小于 1.1 的元素的索引值，你可以使用 find 函数：

idx = find(v<1.1); % idx is [1 2]

自然地，你可以用这个索引值数组来选择之前相同的数组：

vlt = v(idx); % vlt is the again same [0.9 0.9]

目前为止，数组案例都是一维的。而 MATLAB 也可以处理多维数组。下面是 2 维数组的案例。

x = [1 2 3; 4 5 6; 7 8 9];

% x is

%　　1　　2　　3

%　　4　　5　　6

% 7 8 9

你可以通过符号 ":" 来选择多维数组的整行或者整列。比如：

xr1 = x(1, :) % xr1 is the first row of x, i.e. xr1 is [1 2 3]

xc2 = x(:, 2)% xc2 is the second column of x, i.e. xc2 is

%2

%5

%8

自然，你可以通过相同的方法从一个数组中删除一整行。

x(1,:) = [] % x is now just [4 5 6; 7 8 9]

矩阵的转置由符号 "'" 指定。因此 x 的转置 x' 是：

4   7

5   8

6   9

数组的元素不一定是数字。元素可以是字符串，甚至是数组本身。这种数组在 MATLAB 里面叫作单元数组。在下面的案例中，C 就是这样的单元数组：

C = {[1 2 3]; ['a' 'b' 'c' 'd']}

% C is

% [1 2 3]

  % 'abcd'

使用 MATLAB 的一个实际的好处就是，其所有的内置函数都可以并行地运行在数组的所有元素上。比如：

log(x) % this gives
   % 1.3863   1.6094   1.7918
   % 1.9459   2.0794   2.1972

下面列有一些这样的内置函数。我使用过的包括：

sum

cumsum

diag

max

min

mean

std

corrcoef

repmat

reshape

squeeze

sort

sortrow

rand

size

length

eigs

fix

round

floor

ceil

mod

factorial

setdiff

union

intersect

ismember

unique

any

all

eval

eye

ones

strmatch

regexp

regexprep

plot

hist

bar

scatter

try

catch

circshift

datestr

datenum

isempty

isfinite

isnan

islogical

randperm

如果 MATLAB 基本平台的内置函数不能满足你的需要，那么你还可以从 MATLAB 购买额外的工具箱。一些对于量化交易者有帮助的工具箱包括最优化、偏微分方程（适用于衍生品交易员）、遗传算法、统计、神经网络、信号处理、小波、金融、金融衍生品、GARCH、金融时间序列、数据输入和固定收益工具箱。如果这些工具箱太昂贵，或者它们仍然不能满足你的需求，也有一些免费的用户贡献的工具箱可以从网上下载。我在这本书中介绍了其中的一个——Econometrics 工具箱，由詹姆斯·勒萨热（James LeSage）开发。也有一些其他的我曾经用过的工具箱，比如贝叶斯网络工具箱（the Bayes Net Toolbox），由凯文·墨菲（Kevin Murphy）开发。或者 GARCH 工具箱，由凯文·谢泼得（Kevin Sheppard）开发。在庞大的、可以随时寻求帮助的 MATLAB 用户社区，你可以轻松地获得用户贡献的工具箱，这个社区大大提升了 MATLAB 作为一个计算平台的实用性。

当然，你也可以写你自己的 MATLAB 函数。我在这本书里面给出了很多函数的案例，你可以从我的网站下载。实际上，开发自己的工具函数库是非常有帮助的，尤其是那些构建交易策略常用的函数。随着你自己开发的工具库不断变大，你开发新策略的效率也将提高。

· 好书推荐 ·

基本信息

书名： 趋势投资——金融市场技术分析指南

作者： 丁圣元 著

定价： 118.00 元

书号： 978-7-115-54580-0

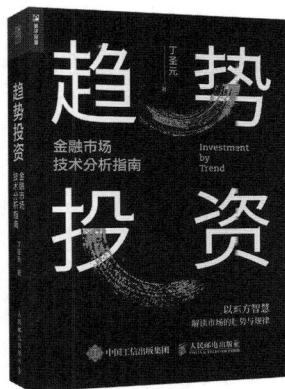

中国金融界的思想家和卓越实践者丁圣元先生

历时 10 年打造

30 年职业生涯的集大成之作

- 将日本蜡烛图技术和西方技术分析工具落地到每一天的交易当中。

- 3 阶段趋势走势模式分析。

- 5 大基础趋势分析工具系统讲解。

- 10 个买卖点形态交易指导。

- 332 张图形示例解读。

- 使您始终站在趋势一边，通过趋势演变来领会市场的本质，站在长期的视角来看待当下的变化，以行情的事实为依归，应对市场的不确定性，做出合理的交易决策。